絆抱くペリリュー
日本を愛する島

永野 聖

展転社

解説

髙橋　久志（上智大学名誉教授・前軍事史学会会長）

平成二十七（二〇一五）年四月八～九日、天皇皇后両陛下は、「戦後七十年の慰霊の旅」の総仕上げとも言うべきパラオ、ペリリュー島を訪問なされた。その模様はマスコミで大きく取り上げられ、先の大戦でかけがえのない命を捧げた人々の鎮魂と国際平和への誓いを祈る両陛下の神々しいばかりのお姿は、私たち日本国民に深い印象を残した。

軍隊もなく、観光を主要産業とする人口わずか二万人の「地上の楽園」の一つ、パラオ共和国は、赤道直下の西太平洋に位置する珊瑚礁の島々からなる。平成六（一九九四）年十月、アメリカの国連信託統治から独立し、その国旗は「海」を表す青地に「月」を表す黄色い丸であり、配色さえ変えればいかにも日本の国旗である日の丸に酷似している。パラオ諸島は、第一次世界大戦後日本の委任統治領となり、コロール島には南洋庁が設けられ、国策会社・南洋興発をはじめ、多くの日本人が移住し、パラオの人々と心温まる交流を深め、地域の発展に尽くした。ナカムラ元大統領のように住民の四分の一は、日本人の血を引いているとも言われ、世界で最も親日的な国家と言えよう。

それが七十一年前の昭和十九（一九四四）年九月十五日の米軍上陸開始以来、このペリリュー島で七十三日間にわたり、制海権・制空権を既に失い、補給も途絶し、孤立無援の日本軍守備隊一万一千が、米軍の圧倒的な戦力と火力に雄々しく抵抗し、血で血を洗う熾烈な戦いを繰り広げたのである。それまで破竹の勢いで日本軍を圧倒し続けた米海兵隊が、西太平洋上で最も損耗率の高い（六〇パーセント超）前代未聞の苦戦を強いられるとは、綺羅星に輝く将帥の中で、米軍の誰が想像し得たであろうか。

しかも、名誉ある海兵隊が、十月末、アンガウル島の占領を終えたばかりだった陸軍の第八十一歩兵師団（九月二十三日にはその一部である第三二一歩兵連隊が西部海岸に上陸していた）に、戦闘途中で交代させられるとは、何と不名誉な汚点を海兵隊の輝かしい歴史に残してしまったことか。

ペリリュー島は、日本の南約三千二百キロに位置し、南北九キロ、東西三キロの小さな島である。昭和十九（一九四四）年七月にサイパン、次いでグアムを陥落させた米軍は、フィリピン進攻を進めるマッカーサー軍の側面を守るために、戦略的に重要な飛行場を擁するペリリュー島の早期占領を目指した。一万七千名からなる第一海兵師団は、コード名

「Operation Stalemate II」作戦実施の前に、物量に物を言わせた徹底的な艦砲射撃と空爆とにより、ほぼ島全体を焼き払っていた。米軍の最高指揮官は、「この戦いはたった数名の犠牲者を出すだけで、三日で終わる」と豪語していた。しかし、上陸時の気温が四十六度もある厳しい熱帯にあって、上陸用のＬＶＴ（水陸両用装軌車）を次々と失い、直ちに橋頭堡を築くこともままならず、まさに水際で全く想定外の激しい抵抗に遭遇した米軍は、上陸後一週間で死傷者三千九百名を出してしまった。

対する日本軍（中川州男大佐指揮）は、戦闘開始後二週間で八千名の戦死者を数えた。しかも、米軍は上陸後四日間で島の半分を確保したものの、その前には島中央に蟠踞し、急峻な尾根が連なる山（Umurbrogol 山、米軍名「Bloody Nose Ridge」）が傲然と立ちはだかっていた。この山岳地帯こそ、「死を呼ぶ罠」と呼ばれた五百にも上る洞窟陣地であった。ここには険しい地形を生かし、水戸歩兵第二連隊を中核とした狙撃に長じた若い現役兵が、今や遅しと待ち構えていた。

その後に展開された日米間の地獄絵は、「至近距離の闘い」となり、日本軍は間もなく食糧・医薬品・武器弾薬も尽き、洞窟から滴り落ちる水滴でのどを潤すこととなり、米軍は艦船・航空機・戦車・各種大砲の他、ブルドーザーを使用し、機関銃・自動小銃と手榴弾に加え、火炎放射器・ダイナマイトやガソリンまで動員して、洞窟を一つ一つ虱つぶしに破壊せざるを得なかった。なお、夜陰に乗じて忍び寄る敵と味方の区別を、何カ月も風呂に入っていないための体臭で判断し、窮地にあって弾丸の節約のため、崖から敵兵を突き落とす場合もあった。かくて戦後、米兵の多くは戦争のトラウマに悩むに到った。

それまでの日本軍の対米戦闘法は、「水際撃滅戦」と呼ばれ、海岸で一気に敵を叩くというやり方だった。合理的精神の持ち主で、必ずしも恵まれた軍歴ではなかった苦労人の中川大佐は、全島を要塞化・地下陣地化して兵の保全に努めた。フィリピンや台湾、そして、沖縄、更に本土に迫ろうとする米軍の出血を強いて、一日でもその進攻の歩みを止めることが最優先策であった。しかも、軍上層部は中川大佐に玉砕を禁止し、「終わりなき持久戦」を課したのである。

そこで中川大佐は、海岸では「遅滞行動」を採り、徐々に洞窟陣地に米軍を引きこむという戦術を実施した。日本軍は最後の一兵になるまで戦うこととなり、十一月二十四日、中川大佐は訣別を意味する「サクラ、サクラ」の電文をパラオ本島集団司令部に打電し、自決した。この戦法は、硫黄島と沖縄の日本軍の戦闘に多大な影響を与えるに到ったが、ペリリュー島守備隊が、一人の民間人や現地人の犠牲も出さなかったことは特記に値する。しかも、昭和二十二(一九四七)年四月二十二日、三十四名に上る日本軍兵士が洞窟から姿を現して、投降したのであった。

皮肉なことに、この日米間の戦いは、犠牲の割には結局戦略的価値が無かったと後に判断され、飛行場はその後の戦争に大きな役割も果たさず、そもそも日本軍守備隊は、米軍のフイリピン進攻を妨げる手段を最初から欠いていた。ぜひとも若者に読んで頂きたい好著である。

目次

絆抱くペリリュー・日本を愛する島

解説　高橋久志　1
プロローグ　10
第一章　ナカガワボーイズ　12
第二章　迫りくる時　17
第三章　島民との別れ　31
第四章　天の川の街で　40
第五章　メイビースリーデイズ　86
第六章　たぎる血潮　103

第七章　糸満の勇者たち　120
第八章　地下に潜って　138
第九章　逆上陸　164
第十章　高砂族の閃光　177
第十一章　ことに十月の風が　187
第十二章　訣別の桜　208
エピローグ　213
あとがき　217

プロローグ

第一次世界大戦で戦勝国となった日本は、赤道以北の南洋諸島をドイツから引き継いで、南洋庁を設置してこれの統治にあたることになった。

ほとんど無血に近い状態で占領した島々で、ほぼ三十年後には宿敵アメリカと激烈な戦闘を交えようとは、神ならぬ身には知る由もなかったが、数百年間にも及ぶ白人への隷属に呻くアジアからの時代の要請に応え、自らの生存をも賭けて大東亜戦争に立ち上がった日本は、やがて圧倒的に優勢なアメリカ軍を南の島々に迎え撃ち、飢えと劣勢をものともせずに最後まで雄々しく戦い抜いた。

なかでもペリリュー島の戦いは、敵将ニミッツをして、かのテルモピレーを詠ったシモニデスを模した文章を草させるほどの勇戦敢闘ぶりであり、今はもう、逝きし世の遥か彼方の面影となってしまった、日本人の忠勇義烈のかぐわしい香りを留めた、祖国の名に恥じない戦いぶりだった。

ペリリュー島での決戦を前に、日本軍はパラオ本島へと島民を全員避難させて、一人も巻き添えにはしなかった。

フィリピンと本土へ連なっていく海と空の文字どおりの防波堤として、日本人兵士達は自らの命以外の多くの命のために気高いふるまいを残した。

悲嘆も絶望も反目も乗り越え、幾度も試みる断念でもなお消し難かったであろう希望すらも押し流してしまうほどの隠れた義務の観念と、深く信じ抜いた祖国日本が掲げた理想への祈りが彼らを突き動かしていった。

いつの世も、戦いは惨く顔をそむけたくなる悲劇だが、通り過ぎた後には哀しくとも美しい歌が残される。

生き残った人々に語り継がれる歌は伝説となり、伝説はまた、新しい祈りと愛の業を生み出していく。

これは、かつての日本人が後に続く者達を信じながら、かけがえのない命で描き切った、愛と勇気に満ち溢れた高貴な戦いの軌跡である。

第一章　ナカガワボーイズ

秋の終りの快晴の日。

そういう日は、その秋、ペリリュー島には数えるほどしか訪れなかった。九月の半ばに島を十重二十重に取り囲んでいたアメリカ軍が上陸して以来、鮮やかな南国の緑を焼き払うナパーム弾と砲爆撃、火炎放射器の炎によって、硝煙が空を覆わない日は無かったのだ。

昭和十九年十一月十九日、ペリリュー島守備隊の戦闘指揮所陣地の中川州男陸軍大佐は、報告により、ここ大山に置いた、戦闘指揮所洞窟陣地へ延びるアメリカ軍の戦車用道路が完成しつつあることを知った。

急速に包囲網を固めつつある敵の大規模な最終攻撃は近い。そう判断した中川大佐は、二か月を超えようとする孤島防御の終焉が近づいたことを無言で噛み締めた。

当初率いた一万名を超える部下達も次々に倒れ、今は手元に百五十名ほどが残るのみ。あの輝いていた青年達は、それぞれが故郷を守る盾になろうとひたむきに務めを果たしてくれた。戦は心を鬼にしないとできないとはいえ苦労をかけてすまなかった。

許せよ。

「敵さんもよく固めとるな」大佐は双眼鏡を手に、背後に控える鵤《いかるが》少佐を振り返って言った。

「はい。ゼロ・アワーが近いのだと思います」と、心から尊敬する指揮官の双眸を間近に見つめながら少佐は答えた。

「ゼロ・アワー？　それは何だ？」

「突撃発起時刻であります。わが方の『突撃に進め』に当たります」

「妙な事を知っとるな」笑いを含んだ声で大佐は応じた。

「ハルピンでの特務機関時代に学びました。アメリカと当たることを全く想定していなかった軍が急遽始めた《ア号教育》と称する対米戦闘教育実施に戸惑っていることも併せて」

「しかし、これだけ持久して敵さんを苦しめた。もうしばらく粘って、東京への道がどれほど険しいかを思い知らせてやろう」

「内地はもう晩秋だな。その内地に敵さんを上げるわけにはいかん」

「俺はいい部下を持てて本当に幸せ者だったよ」大佐は最後にそう感慨深く静かに付け加えた。

「敵さんが言うナカガワ・ボーイズの本領発揮ですね。自分は尊敬する指揮官の下で戦えることを心からありがたく思います」こみ上げる様々な感情を必死で抑えながら、少佐は努めて明るく答えた。

「ナカガワ・ボーイズか……配属将校だった時代の可愛かった子供達を思い出すな」

「少佐、いずれ介錯をよろしく頼むぞ」

不動の姿勢を取り、軍縮の煽りを受けた不遇の時も国への思いを決して忘れずに誠実な修養を積んだ大佐の経歴を思い浮かべながら強く頷いた少佐を後にして、洞窟陣地の奥へと大佐は歩み入った。

定量の半分で細々とつないできた糧食も明日でほぼ尽きる。

パラオ本島から何度も試みた決死の補給も、海と空を徹底的に固めた敵に阻まれて不成功に終わり、無線用電池もまもなく使用不能になろうとしていた。

ペリリュー島の最後を告げる電文は「サクラ」の連送とすることは決定されている。

少佐はふと通信教育を受けたモールス信号の「―・―・・・―・・」覚え方を思い出し、「サーイコーイコー・クルシソー・ラムネか」と、電鍵で叩く長音と単音の組み合わせを小さく呟いて駆け出しの将校時代を偲んだ。

＊

超えて二十一日の朝。

高台の陣地めがけてキャタピラ音を揃えるようにして戦車の群れが這い登ってきた。

後ろには、視界いっぱいに広がる多くの随伴歩兵を従えている。

この鉄の猛獣の群れを黙らせる術は、守備隊にはもう残されてはいなかった。

高台にある大山の戦闘指揮所と連絡する山麓の洞窟陣地群は総てが砲撃と火炎放射攻撃で潰され、眼下の敵に手榴弾の雨を降らせるしか防御手段がほぼ無かった。

大山を取り巻く高地に敵が引き上げた小型の山岳地帯用大砲からも、戦闘指揮所洞窟入口めがけて一分に六発の割で間断のない砲撃が浴びせかけられる。

洞窟入口に置いた、ドラム缶に石を詰めた防御用バリケードも原型をとどめないほど破壊され、狙撃の機会を得られない時間が続いた。

時折混ぜられる煙弾によって視界が遮られ、攻め上る敵兵は煙が稼いだ時間を懸命に使って身をにじりあげてくるのだった。

迫る敵の姿が見えなくなる時間の気味悪さと相まって、火炎や砲撃、銃撃の、それぞれ異なる硝煙の匂いと、血と膿と死臭が攪拌される洞窟内の空気が強要する不快さは、守備隊の兵士達の神経をギリギリまで締め付けたが、それぞれが強固な意志で持ち場を守っていた。

ついには彼我の距離が二十メートルを切る箇所も随所に現れ、大声をかけあう敵兵の言葉や、救援を求める無線交信の声が、風に乗って洞窟陣地の奥まで運ばれるようになった。

傾斜がひどく、登坂不能となった箇所で停止した戦車は砲撃を続け、大山陣地入口へ直接つながる断崖を敵兵がよじ登り始めた。

弾かれたように洞窟を飛び出すと、蛇のように身をよじらせて匍匐しながら、数名の守備隊兵士が崖上に腹ばいになっての狙撃を開始する。

悲鳴を上げて落下する敵兵が数名出た刹那、四方八方から敵の銃火が集まり、隣接する高地からも大砲が砲撃を繰り返し加えた。

たなびく硝煙と煙弾に覆われた崖上を南風が吹き過ぎると、そこには身動きしなくなった守備隊兵士達の姿があった。

残った火炎瓶も棒地雷も、手ごろな重さの石も、接近してくる敵兵を追い落とすために必死に叩きつけるが、後から後から湧いて出るような無尽蔵な敵兵と、灼熱のシャワーのようにまき散らされる銃弾と砲弾、伸びてくる火炎の帯の前に、包囲網はじわじわと狭まった。

必死の反撃により辛うじて撃退はしたものの、敵は進出した線を狙撃を防ぐ砂嚢陣地で入念に固めて、明日以降も逐次戦力を増強しつつ物量に物を言わせた平押しの総攻撃を反復してくるだろう。

第二章　迫りくる時

白い可憐な貝殻がビーチに寄せてくる波に揺れている。

少年の日に兄と故郷の海で泳いだ後に、小さな妹に持って帰った貝殻によく似ていると、沖から吹いてくる南の風で額から滴り落ちる汗を乾かしながら北村啓介見習士官は思った。支那大陸での戦争が続いている夏休み、母が井戸で冷やしておいてくれた西瓜を兄弟揃って縁側で食べた光景が、まるで昨日のことのように彼の胸に甦った。あの冷たい西瓜を、できることならこの炎暑の島で苦労している部下や現地人達にたくさん食べさせてやりたいと心優しい彼は思うのだった。

ペリリュー島へ春に上陸してからもう半年近くが過ぎようとしている。昭和十九年の桜は見ることができなかったけれど、常夏の島で硬い岩盤を相手の陣地構築に文字どおり血と汗を流しているうちにサイパン島は無念にも落ちて、パラオ方面への空襲は日毎に激しさを増してきていた。

アメリカはパラオを、そしてフィリピンを狙っている。その先には台湾がある、沖縄がある、奄美がある。海の道の果てに、たおやかに横たわる本土がある。

北村は、桜島を浮かべる故郷鹿児島市の海にはない美しいコーラルビーチに照り返す強烈な南洋の日差しを眩しく見つめながらそう思った。

英米支蘭によるエンバーゴに苦しめられ生存を脅かされながらも、和戦両様で臨んでいた交渉を打ち切らざるをえなくなり、戦わずして屈服する道を選ばずに自存自衛を図るためパールハーバーを攻撃して大東亜戦争の火蓋を切って落とした日に、まるで支那事変以来続いてきた重苦しい暗雲を吹き払ったかのように日本中に満ちた爽快感を肌で感じ取っていた彼は、開戦百日の栄光が過去のものとなってしまった現在、攻守所を変えて怒涛のように襲いかかってくるアメリカから祖国を護るための防波堤として献身できる喜びと使命感に若い血潮をたぎらせていた。

ここペリリューでは炎熱の下での陣地構築が続いている。岩盤そのもののような地表は硬く、壕を掘るための鶴嘴や十字鍬を跳ね返して磨り減らし掌からはすぐに血が滲んだ。

ダイナマイトが使える場所はどうにかなったが、炎天下の重労働に吹き出す汗は塩となり、疲労困憊の極に達した。

地下へ潜って穴を掘り抜いていく作業では暑熱のため短時間しか体が動かず、石灰岩の硬さは兵士達を容赦なく苦しめた。

築城資材に乏しい陸軍は、共に戦う海軍陸戦隊を拝み倒すようにしながら分けて貰っていた。

雨水に頼るしかない島では行水も入浴もかなわない夢だったが、時折のスコールに僅かばかりの涼を求めながら、兵士達は渾身の力を振り絞って陣地構築に励んでいた。

水戸と群馬の兵士達を基幹とするペリリュー地区隊が熊本県出身の中川州男陸軍大佐の指揮下に防備に就いていた。極寒の大陸での戦闘経験はあっても常夏の島で配備に就くのは初めての兵士達であったが、ほぼ現役兵のみで構成された部隊の士気は高く、物量と機械力に物を言わせて平押しに攻めてくるアメリカを、ここで釘付けにして出血を強要しようと敵愾心に燃えていた。

サイパンやテニアンでの戦訓から、海岸線に重点配備すれば、圧倒的で無尽蔵な海空火力に支援されて上陸してくる敵に短時日で撃破されてしまうことは痛いほど解っていたため、戦闘指導により配置変更を実施し、水際で強烈な一撃を浴びせた後は速やかに後退して地下洞窟陣地に拠って戦う方針だった。

モグラの巣のように地下陣地を張り巡らせなければならない。上から手榴弾を投げ込まれ、射撃を受けても、横穴に入っていれば耐えられる。

五百以上の洞窟に拠り、敵味方の近接状況を作り出して艦砲も空爆も使えなくさせて至近距離の戦闘に持ち込み長期持久戦へと引きずり込む。

大規模な夜襲でいたずらに死に急ぐことなく、数人一組の斬りこみ挺身攻撃を執拗に反復することで一日でも一時間でも占領を遅らせて本土への敵の来襲に備える時間を稼がなければならない。

補給は海軍の航空機によるほんの僅かなものしか期待できず、制空権と制海権をほぼ総て敵に渡している状況下では手持ちの糧食と弾薬類に頼るしかなかったが、中川地区隊長の強固な意志は配下部隊の末端にまで行き渡り、総員一万二千名に達する部隊の士気は極めて高かった。

＊

見習士官は新品少尉になる直前の頼りにならない存在ではあったが、その天真爛漫さと任務への情熱によって北村は中隊のマスコット的存在ともなっていた。

猛暑の中での作業に他の将校らと同様、北村もまた作業に率先して打ち込み、休憩は一番最後に取るといった幹部らしい姿勢を健気に貫いていたから、ベテランの下士官達もその意気に感じて彼をよくかばいながら支えるのだった。

香月上等兵は水戸出身、竹を割ったような一本気な性格で気性も激しかったが、一種独特な諧謔味のある人柄で若い兵士達をよく指導し引っ張って任務に邁進させていた。

彼もまた、北村士官候補生を慕い支える一人だった。

短気な彼はよく作業中の島民を張り飛ばしたりもしたが、彼らの休養にもまた人一倍気を使いながら、粗野な言動とは裏腹に作業の進行状態と陣地の強度に細心の注意を払っていた。

「見習士官殿」

小休止に香月上等兵が声をかけた。

「混戦に持ち込まないと勝ち目はありませんので、敵さんを引きつけるだけ引きつけてからじゃないと射撃できません」

十重二十重に島を取り囲む艦船からの砲撃と、わが物顔に乱舞する飛行機を使えなくするためだなと思った北村は頷いた。

「この地下壕から」と香月は掘り抜いた壕を指さして「敵さんが思いがけない瞬間に手榴弾をお見舞いしてやりましょう」そう言って微笑んだ。

「戦闘には慣れはありませんが慌てたり怯えたりすれば危険が増します」

「自分が言うのもなんですが、見習士官殿が教育を受けられたとおりにはいかないと思いますので、ともかく落ち着いて状況をごらんになってください」香月は続けた。声に思いやりが滲んでいるのを感じ取った北村は素直に笑顔を返した。

「ありがとう香月上等兵。アメリカに一泡吹かせてやりたいね」

日焼けした顔の口元からこぼれる白い歯が、まだ僅かに残る少年らしさを漂わせていた。

＊

各種砲座には鉄製の掩蓋《えんがい》を付け、入念な偽装を施していった。他の砲もすべて巧みに偽装をしながら地形に溶け込ませた。

予想上陸地点の西海岸の側防砲兵が陣地占領する無名の小島でもまた、上陸時に備えての地点評定に余念がなかった。

敵が砂浜に蝟集した刹那、渾身の思いを込めた砲弾を正確に送り込んで木っ端微塵にしてやるべく砲兵は準備を入念に整えていた。

また、上陸時の猛烈な艦砲射撃や爆撃によって通信線が寸断された場合に備えて、伝令に使うための軍用鳩や軍用犬も待機していた。海岸線近くの大きな対戦車壕の掘削と偽装も終えてある。水陸両用戦車や装甲車両を深い壕に落として無力化し、盾を失って立往生する随伴歩兵を徹底的に砲兵で叩くための工事だった。

兵士の中には、深まる焦慮から労役に就いていた島民に当たり散らす者も若干いたが、将校と下士官は極力目を光らせて、その防止に努めていた。

年がひとまわりも離れた弟を数年前に病気で亡くした大場伍長は、彼にまとわりつくようにして離れない島の子供達をよく可愛がり、休憩時間などに「さくらさくら」や「ふるさと」を繰り返し歌って聴かせては貴重な甘味品を分けてやったりしていた。

時には輪になって遊ぶ「かごめかごめ」の遊び方を教えたりもした。

「後ろの正面だーれ？」たどたどしい日本語で子供が歌うようになると、大場は遠い群馬の山河を偲ぶように瞳を閉じて静かに聴いていた。そんな時は周囲の兵士達も炎天下での喘ぐような重労働に傷んだ肉体を癒すようにして聴き入り、心は故郷へと一直線に飛び、両親や弟妹、妻子や恋人のもとへと思いは立ち帰るのだった。

「あーあ親孝行がしたいよな」そう誰かが言った。

「俺は嫁さんがほしいなあ」もう一人が続けた。

「ここで勝って内地へ帰ってから、嫁さん貰えば親孝行もできるって」

大場の近くに腰をおろしていた兵士が髭面で振り向きながら笑った。

みんな戦争を一刻も早く終わらせて無事に故郷へ帰りたいんだ。大場は、孝行や結婚に託して望郷の思いを口にする戦友達を心からいとおしく思った。

極寒の地での勤務中にもよく周囲で聞き、また大場自身も口にした言葉だった。それは上官に聞かれても叱責されることの絶対にない言葉だったからだが、そこには心からの平和への希求と憧れがこもっていた。

もう一度、青い畳に大の字になって眠ってみたい、大場はふとそう思った。

子供達と過ごす僅かな時間は兵士達にとって何よりの慰めだった。心が和む時、故郷はそこかしこに様々な装いをまとって立ち現れ、戦いへ臨む恐怖から来る緊張を解きほぐすように思われた。

刻々と上陸の時は迫ってくる。陣地構築に流す汗が、戦闘で流す血の量をそれだけ減らすのだと皆は信じて、吹き出した汗が塩となって白く結晶する過酷な暑熱に歯を食いしばって耐えながら黙々と工事に取り組んでいた。

＊

いつも小さな弟を迎えにやってくるアロウという少女がいた。肌の色がやや薄いところからも白人との混血らしく、彫りが深くて眉丘がやや張り出し、いかにも勘の鋭そうな美しい風貌で、長いしなやかな髪を南風になびかせながら、その淡いグレーの瞳に空と海の鮮やかな色彩を写し取るかのように、生粋の島民とはどこか違った雰囲気を漂わせていた。

「アロウのおとうさんは今どこにいるの?」兵士達に新鮮なフルーツを差し出す時などに全身で好意を現しながらも、どこかぎこちない様子で伏し目がちにしているアロウに北村候補生は優しく聞いた。この少女を見ていると郷里に残してきた妹が思い出されてならなかったし、刻々と迫り来る戦いへの内心の不安を、彼女の可憐な仕草や清潔な存在感が打ち消してくれるような気がしてならなかった。

「もうずっと前に船に乗ってドイツへ帰っていったの」

「弟が生まれたらすぐに」長い髪を指先に巻き付けながら彼女はゆっくりと言った。

「じゃあ、それから一度もここへは帰って来ないんだね?」北村は胸を突くように急に湧いてきた寂しさが声に滲まないようにしながら尋ねた。

「ええもうずいぶんと経つんだけど」見上げた瞳を北村に一瞬ひたと真正面から合わせると、アロウはすぐに唇を噛み締めてうつむいた。

「おとうさんはきっと忙しいんだ。戦争が終わったらアロウ達に会いに必ず帰っていらっしゃるよ」北村はいたわるように優しく言った。

「フェルトヘルンハレ」アロウは地面を見つめながら小さくそう呟いた。

「おとうさんがそう言ってたの？　意味を詳しく教えてもらった？」

「それは戦士達の館の名前だよ。北ヨーロッパの神話に出てくるんだけど、僕も兄が読んでいる本を借りて初めて知ったんだ」答えない少女に北村が言い重ねるとアロウは小さく頷いた。

この南海の島で、北欧の神話を思い出すなんて思いもよらなかった。この子の父親は応召して今は戦地にいるのではないかと北村は不意に思った。

フェルトヘルンハレは、戦いの女神であるワルキューレ達の目に留まった勇敢な戦士達が、戦場から引き上げられて歓待される天上の館だったはずだ。

日本の神話しか知らなかった北村は、兄と北欧神話について話し合った冬の夜のことをよく覚えていた。

南国鹿児島には珍しく雪が舞い降りていた寒い夜に、炬燵に入ったまま夜が更けるのも忘れて二人は未知の世界について話したのだった。今は希望どおり飛行機乗りになって内地で任務に就いている兄は、あの夜のことを覚えているだろうか。

彼女の父親は、いとおしい子供達を授かった島を去って激しい戦いが待つ大陸に向かう前に、自らの祖国と祖先達が信じる神話を語り残したかったのではないか。

父親が娘に神話を話して聞かせる時の優しいまなざしには、これから天上の館に引き上げられるかもしれない自らの過酷な運命と、この島へ残していくしかない愛する者達への愛情が激しく軋む切なさが滲んでいたかもしれない。

「アロウは大きくなったらヨーロッパに行くといいよ。おとうさんもきっと喜ぶと思うな」

「うん。でも私は日本にも行ってみたいの。おにいさんの国を見てみたいから」

「そうだね。日本でたくさん勉強してから、立派な大人になってドイツへ行くといい。おとうさんもきっと待ち遠しい思いをされていると思うよ」

「パラオの沖から日本まで潮の流れが続いているって本当なの?」彼女はその淡いグレーの瞳いっぱいに北村を映しながら聞いた。

「黒潮だろう? そう聞いたことがあるよ。だからもしもこの海へ手紙を流したら、黒潮が日本まで運んでくれるかもしれないね。アロウや僕が生まれるずっと前から、いろんな人達の思いを黒潮は乗せて、とても遠くまで運んで行ったのかもしれないよ。」

「大切なひとへの手紙を明るい月の夜に海へ流すと、手紙はとても大きな白い鳥になって海を越えるって言い伝えがあるの」

「でも、嵐や、もっと思いがけないことが起こって相手に手紙を届けられないってわかった時に、大きな鳥は涙をたくさん流すの。そして、海の底へ沈んだ涙は神々しいほどに輝く真っ白な美しい貝になるんだっておかあさんが聞かせてくれたわ」アロウは続けた。

「そうか。真っ白な貝になるんだね涙が」北村は思わず暑熱をまるで感じないほどの清冽な気持ちに全身を包まれるような気持ちで言った。

古から海の旅路をたどった島は多くの涙を流したことだろう。そして今は、敵味方の若い命が、祖国のためにたぎる血潮で南の海を染め上げようとしているのか。

「涙の貝で作った御守を身につけていると、情け深い月が憐れんでくれるともおかあさんは教えてくれたわ」

「アロウが生まれ育ったパラオの神話だね。いつか日本の神話も詳しく教えてあげるよ」そう北村が言うとアロウの表情が明るく輝いた。

「さあチビちゃん達を連れて帰らないと」

「ありがとう。おにいさん、またね」

「こちらこそ。おかあさんによろしく」北村は、自分に敬礼するアロウの小さな弟に笑って答礼しながら言った。

＊

島には、南洋興発株式会社が昭和九年暮れから採掘を始めていた燐鉱の坑道が残っていた。

地区隊はこれを縦横に活用して連絡通路に使い、補修しながら地下の陣地をつないでいく作業を着々と進めた。

夜襲時に至近距離で使うための吹き矢も作られ、銃剣や吹き矢に塗るための毒薬も小部隊毎に準備された。

棒地雷を抱えての戦車や装甲車への肉迫攻撃の演練も繰り返され、敵の迫撃砲等を爆破する夜間襲撃方法もまた研究された。

夜襲を恐れて、夜を昼に変えるために間断なく敵が打ち上げる照明弾への対処として、すぐに片眼をつぶり、決して直接に照明を見つめないことが徹底的に演練され、各火器の夜間の射撃照準訓練も入念に実施された。

高地の陣地帯へと攻め上がってくる敵兵と近接してくれば、友軍相撃を避けるために艦砲も空爆も止まる。敵の弾幕が張られなくなってからは正確な狙撃が総てだ。

ペリリュー地区隊には、支那大陸時代から歴戦の手練れで知られた優れた狙撃手が多かった。

物量に物を言わせて戦車や装甲車両を先頭に立てて平押しに攻めてくる敵に対して、冷静な一撃を命中させてその勢いを鈍らせようと、ちょっとした空き時間にも兵士達は小銃の基本射撃姿勢を演練したり、実包を装填せずに、静かに引き金まで落とす射撃予習を行ったりと、訓練に余念がなかった。

慌てて強く早く引き金を落とせば、銃口がブレて弾着が大きくズレてしまう。最初は僅かに早く引き、あとは水鳥がふわりと水面に舞い降りるかのように静かに絞り込みながら発射する。

初心に返ってこういった射撃要領を確かめながら、兵士達は敵兵に前進への高い代償を支払わせようと寸暇を惜しんで陣地構築の合間に訓練に励んだ。

手榴弾の一斉投擲と重擲弾筒の発射も入念に訓練した。また、僅かな資料を基にしてアメリカ製の小火器の操作法も兵士達は学んだ。これは敵の遺棄死体から軍服と装備を奪い取り、敵兵に化けて夜間斬り込みに行く準備だった。

同様に戦車兵達は、敵戦車の操縦法や射撃装置の概要を教育された。戦車隊幹部は、自らの備砲では敵戦車を貫通できないことはわかっていたため、砲塔が交差して身動きができないような接近戦に持ち込み、歩兵の肉薄攻撃でキャタピラを切った後で敵戦車に乗り込んで砲塔を回してなんとか砲撃を加えようと考えていた。敵が装備する、ジープに積まれた車載無反動砲や、歩兵の肩撃ち式バズーカ砲の存在はほとんど知られていなかったが。

島を取り巻いているリーフにもまた、爆雷を仕掛け、水中障害物を設置する等の工事が行われていた。

上陸準備で、ある程度は敵の処理班が除去するだろうが、設置した総てを発見して処理することは絶対に不可能であり、生き残った障害物は必ず上陸用舟艇を粉微塵に吹き飛ばしてくれるはずだった。

地区隊兵士達は各々の持ち場で迫り来る上陸の時に向けての準備を細心の注意を払いな

がら綿密に進めていた。

第三章　島民との別れ

島の青年リミップとテルメテーツは連れだって地区隊司令部へと歩いていた。中川地区隊長に日本軍と共に戦わせてほしいと願い出るために。

二人ともまだ十八歳にもならない若者だったが、自分達を人間として扱ってくれる大好きな日本軍と一緒にアメリカと戦いたいという若者らしい熱意に突き動かされていた。

いくつかのアバイ（集会所）の横を抜けて、勾配の急な坂を登っていく。巧みに偽装された砲座や機関銃座がうずくまる防御陣地内に、暑い南の風が吹き抜けながら野鳥の声や兵士達の気配を運んでいる。

洞窟陣地の中は直射日光にさらされる外と比べて涼しく感じられる。汗も引きかけた二人が兵士について案内された区画に入ると、参謀達と一緒にいた地区隊長が鋭い眼差しを二人に向けた。

敬礼を終えたリミップがまず言った。

「僕たちも一緒に戦わせてください」

「アメリカをやっつけたいんです」テルメテーツが続いた。

中川地区隊長はしばらく無言のまま、まだあどけなさが残る少年達を交互に見つめていた。しっかりと奥歯を噛みしめて引き締めた表情からは、胸の奥を窺い知ることは難しいようだった。

通路を走っていく通信手の靴音が時々響きはしたが、少年達にとってはとてつもなく長い時間が流れたように思われたその時、地区隊長の瞳が裂けるかのように大きく見開かれ大喝が轟いた。

「とぼけるな！　帝国軍人が貴様ら土人と一緒に戦えると思うのか！　帰れ」

これまでの陣地構築作業中の地区隊長巡視等で二人が見かけた温顔とはまるで別人のような剣幕に茫然とした少年達は、どこか気の毒そうな表情を浮かべた兵士に付き添われて洞窟を出た。

日本人は違うと思っていたのに……二人は思った。やっぱりこれまでの奴らと同じじゃないか。僕たちペリリューの人間のことを友達とは考えてくれないんだな。

冷水を浴びせかけられたような気持ちを抱きながら、二人は重い足取りで歩いていった。

「あれでは地区隊長殿の真意は伝わりますまいな」参謀の一人が微笑混じりに太い眉を下げた。

「うむ、あれでいいんだ。」中川大佐は微笑んだ。

「島民を可能な限り助けたい。自分達が去っても島民の暮らしは続いていく。いつかは必ず南洋の人々にも平穏な日々が戻ってくるのだから」

「本島への島民待避準備は完了したか？」大佐は参謀を振り返った。

「はい。大発の夜間機動により安全に輸送致します」不動の姿勢を取った参謀の力強い言葉に大佐は深く頷いた。地区隊の意見具申を受けた集団司令部の命令により、隣のアンガウル島でも同じ処置が取られている。日本軍は島民を阿鼻叫喚の激戦場から逃れさせることは自らの当然の義務だと考えていた。

ここペリリューでも、非戦闘員である島民を一人残らず危険から遠ざけることが、日本の軍人として武人の心胆を練り上げてきた中川地区隊長が強要した別離の最大の理由だった。

＊

桟橋付近の密林に集まった島民のざわめきが寄せる波の音に溶け込んでいく。香月春彦上等兵は陣地構築作業中に動作が緩慢だとよく平手打ちをして気合いを入れていたルダンとバラバルの太ったシルエットを人混みの中に探していた。

「ルダン！　バラバル！　どこだ？　現在地を知らせろ！」やや笑いを含んだ大声が慌ただしさを増す海浜に何度も何度も響いた。

椰子の根本に腰を下ろしていたルダンが先に気付いて、僅かな身の回り品を持ったバラバルと一緒に「香月上等兵殿、ここにおります」と精一杯の声を張り上げて答えると駆け寄った。

砂浜で向かい合うと、香月上等兵は持っていた小さな包みを二人の前に少し上げてみせ満面に笑みを浮かべて言った。

「貴様らはよく頑張った。おかげでアメリカさんに一泡吹かせてやれそうだ。少しだが甘味品と煙草を入れといた。向こうで使え、二人とも達者で暮らせよ」

ルダンとバラバルは手渡された包みを持ったまま互いに顔を見合わせていたが、たちまち両眼に涙を溢れさせた。

「上等兵殿！　いただけません。これから戦う上等兵殿が使ってください！」二人は声を振り絞って叫んだ。

「馬鹿野郎、人の好意はな、ありがたく受け取るもんだ。日本ではそう決まってるんだぞ。おまえ達は、いつか日本に行ってみたいと言ってただろう？　日本の決まりを知らないようじゃ行くことはできんぞ」香月上等兵は日焼けした精悍な顔から夜目にも白い歯をこぼしながら笑った。

「男が泣くな！」二人の肩に手を置くと軽くたたきながら「それも日本の決まりだぞ」と彼は付け加え、無理に振り向かせると舟艇が待つ方へ二人を押しやった。

待機中の兵員輸送用舟艇がエンジン音を立てている。兵士達は島民の誘導を手際よくキビキビとした動作で進め、老婆をおぶい、幼児を肩車して運んだりしながら顔見知りを見つけると短く別れを惜しんだ。

目のくりくりした五歳ぐらいの子供が、時々遊んでもらった第一速射砲中隊の大庭孝治伍長にまとわりついて離れなかった。「この次はいつ遊んでくれるの？」屈託のない笑顔で少年はぶらさがるようにして聞いた。「坊やがここへ戻ってきたらまた遊ぼうな」伍長は微笑みかけると、幼くして死んでしまった弟の形見だった小さなブリキの戦車を少年の手にそっと握らせた。

空襲への警戒は怠れない。月が雲間に隠れがちな時間帯を利用して、死を運ぶ鳥達から人々を逃れさせなければならないのだ。

誘導指揮にあたる北村士官候補生に髪の長い少女がそっと歩み寄った。長い髪に鮮やかな赤い花を付け、小さな白い貝をつないで作った首飾りを大事そうに手にしている。

「お守りだから身につけていてください」大きな瞳をまっすぐに北村に向けて言った。視線を正面から受け止めた彼は、首飾りを受け取り不動の姿勢を取ると敬礼して言葉を返した。

「これまでありがとう。アロウも大人になったら日本へおいでね」

「どの町に行けばいいの？」大粒の涙を流しながら彼女は聞いた。

「戦争が終わったら、東京って大きな街の靖国神社っていう所に僕はいるよ」

「元気でね。アロウがいいお婿さんとめぐりあえるように僕が守ってあげるから」

涙を拭ってやる物を何も持たなかった彼は、手をさしのべると優しく少女の涙をふき取り、桟橋まで彼女と一緒に歩いていった。

「ありがとう、気をつけてね」

最後にもう一度声をかけると彼は揺れる舟艇に少女を乗り込ませた。

か細い腕と肩の柔らかい感触、潮風になぶられる長い髪が頬にふれて青年の若い感傷をかきたてた。北村候補生は帝国軍人のプライドを思って、溢れ出そうとする奔馬のような惜別の感情をかろうじて抑えつけていた。故郷に待つ妹の面影とアロウが二重写しになり、最後に玄関で包むように握ってやった妹の掌や、母の涙を思いだした。

「乗船完了」兵士達の声があちこちで響き始めた。リミップとテルメテーツは司令部での地区隊長の怒声を思い出しながら二人で舟艇の艫に座り込んでいた。僕達だって戦えるのに、そう二人は思った。信用してくれないんだな。日本人じゃないからだろうか？　アメリカなんてすぐにやっつけてやるのに。二人はそんな割り切れぬ思いを抱きながら、対空監視を続ける兵士達をぼんやりと見つめていた。

二人とも強くて優しかった日本軍の兵士達が大好きだった。少々気が短い兵士もいて、どちらかというとノンビリしている者が多い島民は往復ビンタを張られたりすることもあったけど、陣地構築作業を手伝う二人を相手に、兵士達は僅かな休憩時間にそれぞれの故郷の話をたくさんしてくれた。兵士達の出身地である茨城県と群馬県の話、特に春という季節に咲き誇る美しい桜という花と吹雪のように舞い踊りながらはかなく散り急ぐその様子を。

二人は寒いという感覚がわからなかったから、兵士達がペリリューに来るまで戦ってきた中国大陸の冬の凄まじさも想像することが不可能だったたし、暖かくなるのを待ちわびるという気持ちもわかりにくかったが、いかにも楽しそうに話してくれる兵士達の様子から彼らの強い望郷の念が胸深くに届いてくる気がした。

故郷の料理もまた話題になっていた。もう長いこと粉味噌と炒米と塩ぐらいしか口に入らない兵士達の「家庭料理」への飢餓に二人共ふと微かに思い当たることがあって、少し辛い気持ちを抱いて家に帰ることもあったりした。

長くはなくとも心の通いあう出会いだった。それだけに、戦いを前にして本島へ自分達だけが移されるのはたまらない気持ちがするのだった。

「テル！　元気でやれよ」沖縄糸満出身の沖陽一兵長が微笑んで桟橋から声をかけた。泳ぎの巧みな兵士で、その潜水ぶりには島の若者達は皆一様に舌を巻いて驚嘆したものだった。彼と同郷の比嘉和平伍長も横で、小銃を持たない左手を高く上げて振っている。みんな気さくで心根の優しい兵士達だった。

「出発！」鋭い号令がかかり、舟艇が順に桟橋を離れ始めた。テルミテーツとリミップも思わず立ち上がったその時、海浜に近い密林から駆け出してきた一団が大きく手を振り始めた。参謀と共に微笑んでいるのは中川地区隊長その人だった。ひときわ高まる舟艇のエンジン音を圧するような力強い声が響いて「みんな生き抜けよ！　負けるなよ！」そう何度も何度も聞こえてきた。

別れの声が少年二人の胸に迫り、みるみる小さくなっていく見慣れた軍服が涙で滲んだ。

夜空から顔をのぞかせた黄金色の大きな月が、去りゆく者と見送る者を無言で見下ろしていた。

＊

本島へ進路を取る水道に全舟艇が乗った時、桟橋の方向を見つめていたアロウの瞳に不思議な色彩が広がった。夜の海が、まるで千の夜光虫が泳ぎだしたように輝き始め、やがてコバルトブルーが網膜いっぱいに満ちたかと思うと、アロウの周囲からエンジンの音も人のざわめきも海風の音も一切が消え去っていき、魂までも戦かせるような一点のオレンジが波間に現れたと思うと次第にそれは広がり始めて、故郷ペリリューを抱く南の大海原のすべてを、悲哀と恐怖に縁取られた鮮やかな色に染め上げていった。

髪に挿していた赤い花を彼女が海へ投げ入れると、大昔パラオの島を釣り上げたという伝説の巨人が波間から浮かび上がり、投げ入れた花は見る間に巨人のたなびく衣となって海を覆い、その鮮血のような色彩は海と空を惨烈に染め上げながら死者達の隊列へと人々を誘うように思われた。

一切の音が消えた世界で、自分の意志では閉じることができない瞳を大きく見開いたまま、彼女の胸は恐怖で締め付けられていた。敵味方の多くの生者達がまもなく異界へ否応なく旅立つという予感が、強烈な色彩に圧倒されながら寂寥と無力感に苛まれるアロウの心深くに沈み、楽園を一変させる荒れ狂う修羅の時が、まるで劫初から約束されていたように抗えない強い力で準備されているのが感じられた。

大好きなおにいさん、アロウは思った。おにいさんも、あの優しかった兵隊さん達もみんないなくなってしまうのだろうか？　私は大人になったら、おにいさんのお嫁さんになって日本に行ってみたい。たくさん着飾って、おにいさんが育った国へと連れていってほしい。ヤスクニジンジャってどんなおうちなんだろう？　おにいさんは戦争が終わったらそこにいると言った。神々は助けてはくれないのだろうか？　誰も戦争なんてしなくなればいいのに。

軍服の群れが音もなく天空に吹き上げられていく。伝説の巨人は、物憂く疲れたような眼差しで鮮やかな色彩の衣を広げながら、敵味方の兵士達を包み込み、異界へと高く遙かに連なってゆく隊列に優しい仕草で彼らを誘っていくのだった。

海を見下ろした巨人の瞳がアロウを捉えたと感じた刹那、波を舟艇が切る音やエンジンの咆吼そして頬を叩く風のどよめきが一度にアロウの耳に飛び込んできた。いつのまにか倒れ伏していた船底から顔をあげてみると、本島の影が僅かに見え始めていた。

第四章　天の川の街で

まばゆいほどの南十字星が美しい光芒をペリリュー島に投げかけている。

鵤継志少佐は飛行場付近の部隊巡視を終えて司令部に戻る途中、ほとんどがナパームで焼き払われて黒焦げになり、今は僅かしか残っていない樹木の間から澄んだ南の夜空を見上げた。

内地では見られない力強い星の輝きだ、と少佐は思った。中隊長に補職される前に娶った妻の面影が浮かんだ。礼装に身を包んだ華やかな挙式と熱海への新婚旅行、厳しい軍務の合間に心待ちにして迎えた出産と、あっけない妻と初子二人の死。

周囲は外地へ赴く前に何度も再婚を勧めたが、彼はそういう気持ちが湧かないままで支那大陸へと海を越えた。ハルピンで特務機関の任務に従事している時、商社員や軍人、軍属、また、多種多様な人種が出入りする歓楽街にも職掌柄よく足を向けたが、そんな日々に出会ったのが美奈子だった。

昭和十八年の二月初め、体が軋むほど寒さが厳しい夜に、中央大街キタイスカヤ沿いのモデルンホテルのバー「シラムレン」で、鮮人の情報提供者と待ち合わせてカウンターに座っていた少佐が、約束の時間を過ぎてもなかなか現れない相手に少し苛立ちながら二杯目のウィスキーを注文した時に、さっきから少し離れてカウンターに座っていた女が「ねえ、あなた軍人さん？」と声をかけてきた。

「いや商社員だ」

野外での訓練時に帽子のひさしで隠れる額だけが白い、軍人特有の日焼けはとっくに消えたはずだし、挙措動作からも軍人のムードは消しているのにと内心訝しく思いながら少佐は無愛想に短く言葉を返した。

日本人だろうか？　この街には間諜がウヨウヨしている。何か特別な注意を引いてしまったのなら、この場所はもう使えないが……

「ふーん」気の抜けたような声で小さく女は言うとプレーヤーズの煙を吐き出した。プレーヤーズ、アフリカ戦線での英国軍の煙草。足の長い伸びやかな体にギャバジンのクリーム色のスーツを粋に着こなしている。眉丘がやや張り出したところが直感の強さを感じさせると少佐は思った。

「日本人か？」と、あらためて聞いた自分自身を少佐は不思議に思った。今までになかったことだ。素性もわからない女に不用意に言葉をかけるなんてこれまでなら考えられもしないことだったのに。

いや、これは任務遂行上の必要な確認だ。少佐は自分に無理に言い聞かせながら女の横顔を見つめた。

「ふん、なんか偉そうな物言いだね。まるで軍人みたいな商社員だこと」

スコッチのグラスを手にしたままバーテンダーの後ろの大きなミラーを真っ直ぐに見つめながら彼女は言った。

「それは失礼した。軍務経験はあるよ。胸を少しやられたことがあってね、士官学校も出たのにお払い箱さ。」

少佐は努めて優しく言葉を返した。

「いいのよ。なんだか似合わないよ。あんたみたいな男が私に謝るなんて」これまでとはうって変わって、彼女は体全体で弾けるように明るく声を立てて笑った。波打つような長い髪が煌めくように揺れて、ムスクと柑橘をミックスした甘い香水の芳香が周囲に優しく広がった。

「日本人よ」体を左へ向けると少佐の瞳を覗き込むようにして言った。形のいい唇の端にはまだいくらかの笑いを含んでいる。その伝法な口調とは裏腹に、たおやかな女性らしさを胸の奥に秘めたひとなのではないかと、少佐は優しい光をたたえて輝く大きく美しい瞳を受け止めながら思った。

「丸い氷が好きなの？　地球みたいに」

「よく見てるのね」

「こんなに近ければ誰だってわかるよ」

「女なら誰でも観察するの？」

「いや、そんなわけじゃないけど」思わず少佐は白い歯をこぼれさせて笑った。

「ふーん、じゃあ必要に応じてなの？」眉間に軽く皺を寄せて楽しそうに彼女は聞いた。

「つまり今はその必要を感じたってわけね。じゃあ良かった」

言い終えると彼女はまた正面を向いてグラスを傾けながら僅かに微笑んだ。

なぜこの街にいる？　急にそう聞いてみたくなった自分にやや狼狽した少佐は目の前のグラスを一息に干した。

「違う店に行かない？　ここにもう用事がなくなったのなら」彼女は何枚かの札を手早くカウンターに置きながらバーテンダーに軽く頷いて言った。

店を出た二人はしばらく大通りを並んで歩いた。辻馬車が通り、蹄が道路を噛む音が響いて通り過ぎていった。中国十四道街の満人が経営する飯店へ入り軽い食事を取りながら、目黒で生まれたこと、父親の仕事の関係で全国を転々としながら育ったこと、満洲へは満洲鉄道の関連会社で働く夫に付いてきたことや子供はいないことを彼女は話した。

プレーヤーズが一箱空になった頃、午前二時を回った壁時計を見上げて少佐が「もう遅いよ、ご主人に連絡しないでいいの？」と言うと、ウオッカの酔いで僅かに頬を染めた彼女は「どこに？」と微笑んで「亡くなったのよ、たぶん」「半月の出張予定で奥地へ出かけたのにもう半年も音沙汰がないの。会社も始めは慌てていろいろ手を尽くしてくれたけど、最近になって本人の消息が全くつかめないからって見舞金と一時金をよこして行方不明のままで退社扱いになったわ」と、少佐の肩越しにブルーのインド綿の壁飾りを見つめながら答えた。

「じゃあ君もこの街で一人ってことか」斜向かいのテーブルでさっきから長く話し込んでいる白系ロシア人の夫婦らしき二人の会話に習性で注意を払いながら少佐は聞き返した。

「君もって？　あなたは内地にご家族を残してるんでしょう？」

「いや」

「そうだったの」彼女は粗い織りのテーブルクロスに視線を力無く落とした。

それ以上問いつめることをしない女を少佐は不意にいとおしく感じた。まるで荒蕪地を潤しながらひた走る奔流のように突然の感情が吹き上がって溢れ出し、これまで二人を隔てていた夜の扉を抗えない大きな力が押し開けていくようで、もう長いこと忘れていた憧れに満ちた夏の香りが胸の奥底まで広がっていく気がした。

いや、これはただの思いこみなのだ。おそらくは一年以内に転属となる身の気まぐれ。

「軍から請け負う仕事もあるから俺も調べてみるよ」

「何かわかったら知らせるから」灰皿に視線を落としたまま答えない彼女に少佐は名刺を差し出した。

来島貴と刷り込まれている任務上与えられた名刺だった。

「教えてくれないか？　君の名前を」

「今はまだ嫌よ」彼女は顔を上げるとまるで悪戯小僧みたいな幼い笑顔を浮かべ、野球帽を横向きに被れば似合うようなあどけなさを覗かせた。

「そのうち電話するわ」

言い残すと席を立ち、一度も振り向かずに外へと出て行った。

＊

二人が逢うようになってしばらく経ってから、少佐は士官学校の後輩でハルピン憲兵隊に勤務する橋野大尉を郵政街の英国領事館近くの憲兵隊本部に訪ねた。事情を話すと大尉は彼女の夫の名前に微かな記憶があったらしく、その場で彼の指揮下の諜報網に二、三連絡を取ってくれた。

「その人は軍の任務に従事していたと思います」電話をかけ終えた後で大尉は言った。「わが方の諜報網への切り崩しも最近は戦局の推移と共に激しさを増しておりまして」そう大尉は続けた。眉目秀麗が絶対条件とも言われた近衛兵への声もずいぶんとかかったという、涼やかに引き締まった端正な表情がやや翳りを見せていた。少佐は、橋野が内地に残している婚約者である多恵の美しい横顔をふと思い浮かべた。橋野に、紹介するからぜひ会ってほしいと新宿に呼び出され、中村屋で過ごした夏の昼下がりが、多恵の大きく切れ長な一重の印象的な瞳と、清潔感に溢れる美しい口元と共にありありとよみがえった。勤務先である日本郵船に始まった思想信仰団体である明朗会の会員に多恵はなったと聞いていた。現内閣への批判精神を失っていない思想監視対象団体に婚約者が在籍していることは、憲兵将校の道を誠実に歩んでいる橋野の心にいつも重くのしかかっているのではないかと、少佐は憲兵職種を現す軍服の黒い襟章を見つめながら思った。

「とてもいいスーツですね。商社マンそのものですよ」努めて明るく振る舞おうとでもするかのように大尉は悪戯っぽく大きな二重の瞳を細めながら言った。

「これは本当の商社マンにたいへん失礼ですが」と、笑いながら彼は続けた。

少佐はピンストライプのチャコールグレーのスリーピースにラウンドカラークレリックのインディゴブルーのダブルカフスシャツを着て、襟元は淡いレモンイエローのタイを結んだいでたちだった。

「憲兵隊にはいつもお世話になっております」と苦笑混じりに返すと部屋の空気が和んだ。

「近いうちに一献と言いたいところだが、互いの職掌柄、雁首揃えてヤマトホテルへでも繰り込むわけにもいかない。聖戦完遂後にまた銀座でおおいに楽しもう」ここでの長居は避けなければならない。それに彼とこうして向かい合っていると失った妻子が思い出されてしかたがない。あれはなんとはかなく断ち切られた短い夢だったことだろうか。

では調査の結果を待つと言い残すと、立ち上がった大尉の敬礼に軽く目礼を返して少佐は建物を出た。郵政街大通りは、どこかの路地から漂ってくるロシア料理の香りを乗せた春めいた風がゆっくりと流れていた。

調査を依頼してからまもなく連絡は来た。美奈子の夫はやはり敵性勢力への潜入任務に従事していて、軍要員と共に匪賊との交渉にあたっていた時、突発的に交戦となり死亡し、遺体収容もできなかったとの内容だった。

しばらく迷ったが彼女には軍側の情報としても遺体収容ができない「死亡推定」だったと伝えた。同時に自らの身分と任務も明かし本名も伝えた。迷いの中に亡夫への嫉妬が滑り込んできたことを少佐は自らに深く恥じた。自分には予想のつかない哀惜に彼女が混乱し、彼から去ってしまうのを恐れたことを。

このまま死者とわかった夫に希望をどこかでつながせているのも酷な話だったろうが、死を知らせることで亡夫への未練を断ち切らせ、目前の恋を失うまいとする身勝手で卑劣なもくろみから調査を俺は依頼したのではないか？　いや、あれはただの寂しさからの親切心……嘘を言うな、惹かれたくせに。そんなせつない自責の念が少佐を苦しめた。

＊

二人が並んで腰を下ろしたベンチから、サボール中央寺院の尖塔が見えた。ネギ坊主のような塔をいただく聖ニコライ会堂。この寺院を中心にロータリーができている。楡の都と呼ばれるこの街は、暮れなずむ夕景色の中に身を横たえて、星々の投げかける優しいまなざしにどこか恥じらっているように思えた。

「ねえ、奥さんはどんなひとだったの？」美奈子は星の輝きを写しているように僅かに潤いをたたえた瞳を向けて小さく尋ねた。

「ごめんね。女って気になるのよそういうことが」指先の紫煙を見つめたままの少佐に気づくと美奈子は夜空を見上げた。

「最初この街はスンガリって名前だったらしいよ」煙草を消すと美奈子の問いには答えずに少佐は言った。

「満洲語でスンガリウラって天の川のことでね、そこから取ったらしい。だからここは天の川の街なんだ」

星々が流れ落ちるようだ。寺院から響いてくる鐘の音と、その余韻が街を滑らかな肌で包み込み、昼の喧噪と人々の猥雑な思惑を浄めようとしているように思える。

「強くて脆いひとだった。今を生きる自らの夢と、俺との暮らしを重ね合わせようとして気持ちに無理を重ねてしまうような」

「こんなこと初めてひとに言ったよ。やっぱり美奈子は魔法使いらしいね」少佐は微笑んだ。「どんなひとだろう？　貴方と一緒に暮らすのにふさわしいひとって」美奈子は足元に視線を落として言った。

「場持ちがうまいひとがいいよ。部下や同僚と家で飲む時のね。また訪ねたくなるような雰囲気を自然に作れるひとがいいな。あっさりしてるけど情がある女性で、安心して子供の躾を任せられるひと。自分のいたらなさを棚に上げて言わせてもらえばそんなところだよ」

「あたし客あしらいは上手なのよ」

「でも、失礼なヤツは追い返しちゃうかもしれないけど」少佐の瞳をのぞきこむようにして夜目にも白い歯を僅かにのぞかせて美奈子は笑った。

「うん、それは頼もしいね」

繰り返される日常に堆積するという倦怠の味わいを俺はまるで知らない。かつてはそんな営みを想像の世界だけで軽蔑しきっていたというのに、今この心に忍び寄ってくるありふれた暮らしへの憧憬はなんだろう？　明け暮れ一緒に食事をしたのは僅かな期間の出来事だったから、夫婦の時はもう幻のように消え残る記憶の断片でしかない。

倦怠か、倦怠とはなんだろう？　それは甘美さを含むのか？　鈍痛を覚えながらも、いとおしさを忘れないでいられるものなのか？

味わったうえでと少佐は思った。放棄するなら味わったうえでそうしたかった。そうしたかったとは何だ？　未来に挑む前から諦めてどうする？　でもそれは身勝手な願望で、このいとおしいひとをいっそう不幸にしてしまうだろうか？

「冗談よ」真顔になって美奈子は言った。

「忘れてね、今の話」

「冗談で言っていい話じゃないと思うけどなあ」わざと語気を強めてそう言うと、優しく微笑みながら少佐は美奈子の手を取って引き寄せて冷たく小さな手を両手で一瞬包み込むようにすると、左腕を肩へ回して抱き寄せながらそっとくちづけた。洗いたての苺のような味わいが広がり頬が僅かにふれあう。彼女は少佐に抗いはしなかった。

＊

天の川の街で迎えた初めての、そしておそらくは最後の夏。二人は鉄道クラブの野外音楽堂へ、白系ロシア人達に交じって恒例のシンフォニックスオーケストラの音楽会を聴きに出かけたりした。クラブ内のロシアレストランでの食事も楽しく、激しい戦局からひとときを目を転じて、去りゆく異国でのいとおしい夏の密度を二人は少しでも高めようとした。

松花江対岸の太陽島へ海水浴に行くこともあった。ヨットクラブの船を遠くに見つめながら、伸びやかな姿態を水着に包んだ美奈子と遊び、泳ぎ疲れるとビーチパラソルの下での浅くて心地良い眠りを楽しんだ。

時には、賑やかな白系ロシア人達と連れだった日本人貿易商の一行と水辺の休暇を過ごしに訪れている橋野憲兵大尉とすれ違うこともあったが、互いに視線を合わせることもなくそれぞれの任務と時間に自らを委ねるのだった。

晩夏の涼風が街の喧噪を微かに引き連れながら窓を開け放した部屋に忍び込んでくる夕暮れ、二人は少佐の部屋の大きなソファに身を横たえていた。いつしか週のうちの多くの夜をこうして共に過ごすようになっていた。

カーテンがそよぎ、窓のすぐ近くにそびえる楡の木の枝が影を作っていた。

「マカロニとサラダ、とってもおいしかったよ」長い髪を波打たせて、少佐の腕に身をあずけた美奈子が言った。

「料理も上手ね。軍人ってイメージとどうもぴったりこないなあ。軍服姿もまだ見たことないし」瞳を閉じたままで、体からすべての力を抜いたようにして形のいい唇だけが動いた。

「軍人だから料理が下手っていうのも変な話かもしれないよ。でも、俺の家は特別かもしれない。父がよく厨房に入っては職人顔負けの腕を振るってたからね。そのくせ男の子達には厨房に入ることを厳しく禁じてた。変だろう？」

「お父様はお元気なの？」

「うん相変わらず毎朝素振り二百本だろうな」少佐は、警察官というよりは武芸者とでもいった方が似合いそうな父親の風貌を思い出して片頬で笑った。

「継志さんは一番上？」

「いや次男だよ。兄は香港攻略戦で戦死した。妹は両親と一緒にいるよ。気がとても強いやつでね、あれはうるさい小姑になるだろうきっと」

「私も負けてないから」瞳を開けて美奈子は軽くにらむ真似をしてみせた。

「楽しみだ」少佐はそう返すとコーヒーを淹れるために起きあがった。

馥郁とした香りが部屋に広がり始め、夏の終わりの風とミックスされて、単純でいて安心と幸福に満たされた雰囲気を醸し出している。ここには警戒も猜疑も確認も推測も必要がない。不安と焦燥に溢れた未来から切り離された時間がたゆたうように流れている。ソファに身を横たえたままで待っている美奈子を少佐はいとおしく思った。まどろむような甘美な余韻に浸っている時に、慌ただしく日常の立ち居振る舞いに戻ってほしくはなかった。

陽は落ちたが灯りは点けないままにしておいた。もうすぐ月が昇るだろう。馬車の音が響く、この国際都市を降り注ぐ月の光が照らし出す。今はもう時代遅れになってしまったアールヌーボー様式の曲線に満ちた建築デザインが幅を利かす街を、ユダヤ人や白系ロシア人や鮮人や中国人や日本人が、路地から路地へと歩みを重ねていく。至る所に緑が配置された街、多くの日本人の才能が整然とした街並みを美しくデザインして、帝政ロシアがかつて着手した街作りを見事に発展させている。

ヨーロッパでも太平洋でもアジアでも、世界中が戦いの渦に巻き込まれている。なのにこの部屋の静寂と安定と、不確かではあっても希望に縁取られたような心和む幻影はなんだろう？　俺は今どうにかして戦争と幸福を調和させようと努めている。もう人を愛することはできまいと頑なに諦め、軍務に打ち込むことで気を引き締めることだけを考えていた時に、まるで荒蕪地の上を豊かな実りを予感させて吹き渡っていく風のようにこのひとが現れた。

失いたくはない。

護らなければならない。

逝ってしまった妻子や、このひとが愛した夫のためにも、強く深く確かな愛を二人して刻まなければならない。俺の愛する人々は、故郷の、日本の一部だ。そして、大日本帝国が高く掲げた東亜解放の理想に包まれている存在だ。この命を捧げるだけの価値がある。

少佐は自分が長いこと思い悩んでいたことに気づいた気がした。

「どうしたの？　コーヒー冷めちゃうよ。それもいいけどさ」

天井を見つめたままの美奈子が言った。

「継志さんが考えてたこと美奈子が当てようか？」

「え？」トレーを支えている指先に思わず力が入った。

「次の転勤先にどうやって美奈子を連れていこうかな。いけるかな、図星でしょう？」身を起こして顔を向けながら髪をかきあげて美奈子はことさらに楽しげに言った。

「すごいね。読心術を心得てるの？　そのとおりだよ」少佐は口をすぼめるようにして目を丸くしてみせると、そっとテーブルにコーヒーを乗せたトレーを置いた。

美奈子、あのね、俺はまた誰のために死ぬのかを確かめることができたよ。おまえに生きてもらうためにも俺は雄々しく戦って死んでいこう。心のどこかで必死に探してたんだ、おまえと出会うまで。胸の底深くに無理に抑え込んで、どうにも整理がつかないままで、もう消してしまおうとしていた願いだったよ。

　忠義を尽くして大君の御為に死す。それだけでいいと思い定めていたけれど、思いがけず心を奪われてしまっていた。

　たった今それがわかった。おまえは、俺が赤誠をもって陛下へ捧げる忠義と一直線につながっているんだね。「まだ灯りはつけないままにしておくよ」少佐はいたわるように言った。

＊

　駆け足で背中を見せる夏を二人が惜しむ間もなく、モデルンホテル支配人の長男で高名なピアニストのセミョン・カスペが身代金目的の白系ロシア人ギャング団から誘拐される事件が起こり、満洲警察や憲兵隊、そして特務機関は多忙を極めた。父であるユダヤ系の支配人が要求を拒絶した結果、息子は惨殺されて発見され、多くの機関が介入したこともあって後味が悪い結末となった。

　特務機関に入ってくる各種情報では、連合軍がイタリア本土に上陸したこと、対ソ戦の要衝であるオリョールをドイツ軍が撤退したことなどが信じがたい戦況として目を引いた。日本は既に今年の二月にはガダルカナルを失い、五月にはアッツ島が玉砕していたのではあったが、断片的にしか把握できない情報をつなぎ合わせるだけでも、日本が抱える広大な戦線全般を覆い始めた暗影を振り払うのは容易ではないことが察せられた。

日本とは桁違いに優れているらしいレーダーにより海軍得意の夜戦が不利になってきているることや、人力に頼るのが当然の飛行場整地などの作業に、アメリカは土木機械を投入して日本には到底考えられないスピードで工事を完成させてしまうこと、無尽蔵に戦線全般に送り込まれてくる航空機と潜水艦によって日本の海上補給線は寸断されて麻痺が始まっていることなど、耳を疑うような情報ばかりが散見された。また、陸軍とは違って海軍の暗号がもしかしたら敵に解読されてしまっているかもしれないことも。

どれもこれも信じたくない情報ばかりだったし、情報源の信憑性を確かめるための精査もなかなか追いつかない中での単なる推測に過ぎなかったが、開戦前に朝野を挙げての批判を浴びていた対米戦回避論者達が一様に主張していた、アメリカの強靱で膨大な工業生産力と、それを基盤とする科学力を統合しての戦争能力発揮を想像する時に、少佐には日本にとっての不利な情報があながち心理戦の産物とばかりも思えないのだった。

これはかなりの苦戦だ。不敗を誇ったナチスドイツも、スターリングラードの敗北以来、ナポレオンを彷彿とさせる退勢を見せているし、数字で見る限り、日本の商船隊の損耗率はかなり高い。いくら旺盛な戦闘精神と必勝の信念において比類無きわが帝国陸軍も必要物資の補給が続かなければどうだろうか？　多数の商船が沈められているということは、前線への補給物資や兵員の大半が海に消えているということだ。

少佐は、これまで戦いに一度も敗れたことのない祖国日本の強さを信じる点において決して人後に落ちるものではなかったが、特務機関に配属されて多種多様な情報に接するようになってからは、日本が流し続けている血液の量はもはやその限界を超えようとしているのではないかとの疑念を払拭できなくなってきた。

この夏から、士官学校等においては「ア号教育」という名で対アメリカ戦の教育がようやく始まったと聞く。従来の仮想敵はずっとソ連だったわけで、教育にあたる教官達はノモンハンの体験を持つ者が多く、実戦に即した訓練をある程度は施すことができたのだが今はどうだろう？　アメリカ軍の戦法を熟知した教官などいるはずもなく、教育の実施に戸惑っているであろうことは容易に想像できる。編成、装備、戦法、訓練、演習地の選定等総てにおいて、対アメリカ戦をほとんど考慮してこなかった日本軍がはたして間に合うのか？

戦局への懸念は日を追って重苦しさを増していくように思われ、やがて勤務を離れた時間も心にまとわりついて離れなくなってきた

＊

松花江畔に日本が整備したリバーサイドパークは市民に好評だった。ロシア人の若夫婦が切り盛りする観光亭という名の喫茶食堂は、ロシアの農家風様式で造られ、ある意味でハルピンの象徴的な存在となっていた。

観光亭の座り心地のいい椅子で、少佐が日々の職務で目にした幾多の情報をつなぎ合わせながら戦局の行く末に思いをめぐらしている休日の昼下がり、向かいで黒パンを小さく

ちぎっては口に運ぶ美奈子は、テラスへと深まる秋の気配を届けてくる松花江からの風に長い髪を弄ばれないように小粋なアップにまとめていた。

パールシルバーのシルクのブラウスにツウィードのワインレッドのジャケットをはおり、金色のスカーフをゆるやかに結んでいる。

冷たくなったシチューをスプーンで掬ったまま手を休めて、彼女は少佐を見つめた。この人の力強い眉と鼻筋の通った表情に現れている憂いはなんだろう？　私達のこと、いやそれだけじゃない。というか、私達の明日に直接関係することに違いない。

少佐は、やや厚手の、光沢がある毛織物のダブルスーツに身を包んでいた。ライトブラウンの生地にシャツの淡いモスグリーンがよく映え、スーツと同系色に濃いブラウンの小さなドットをあしらったタイが控えめながら都会的なアクセントを全体に添えていた。

ゆっくり立ち上がると少佐はカウンターへと近づき、流暢なロシア語で夫婦にハーモニカを吹いてもいいかと聞いた。二人の微笑みが返ってくると、窓際のテラスへと出て静かに吹き始めた。

曲はドリゴのセレナーデだった。か細くて美しく、哀切を帯びた音色が大河からの風に立ち迷い、ためらいながら店の中へ忍び足で入ってくると、美奈子の耳たぶに優しい指先でふれ、慰めに溢れた魔法の響きとなって不安に脅える彼女の胸の奥へと滑り込んでいった。

いつしか若い夫婦も仕事の手を休めてカウンターから聴き入っていた。繰り返し奏でられるセレナーデは、祈りの声にも似て、ともすれば頑なに殻を閉じようとする感情のこわばった襞を解きほぐすように広がり、失望への哀しい抗いを滲ませながらも、大陸の風に抱かれて安堵の表情を微かに見せるようにも思われた。

　吹き終えて、我に返ったようにハンカチでくるんだハーモニカをポケットにしまうと、少佐はいつのまにかテラスに出てきてセレナーデを聴いていた美奈子の半ば放心したような美しい顔を間近に見つめた。

「踊ってよ」不意に少佐の胸に強く顔を埋めて美奈子は言った。他に客はいなかったが、少佐がやや狼狽したように若夫婦を見ると、夫婦は唇を噛み締めながら目をうるませて何度も頷いた。

　音楽はなかった。少佐は美奈子の腰と肩に手を回すと強く抱き寄せて「チークタイムだよ」と耳元で囁いた。彼女のいとおしい胸の鼓動が乳房を通して感じられた。二人は二人だけに聞こえる、宝石のような束の間の季節を彩っていた音楽に身を預けながら小さく左右に体を揺らし始めた。

　いつかこうしたことがあったろうか？　二人は前世でも出会っていたのかもしれない。次に生まれてくる時はどうだろう？　今のこの契りは、まるで朝風に吹き払われる河の水面にかかった薄霧のように、二人が世を去れば消え果てるのか？　戦いの術を世界中の人々がもはや学ばない時代は来るだろうか？　そんな時代に生まれて、俺達はまためぐり逢うことができるのだろうか？　その時こそは……いやダメだ、まだ考えられない。かといって二人が今考えられることはなんだ？　できることはなんだ？　大きく真っ黒な口を開けて待ち受ける未来へ立ち向かうことはできるのか？　このひとは俺をずっと待っていた。おそらくは一度限りとなる、共に過ごす季節を全身で慈しみながら、俺が部屋に戻ってくるのを毎日ただ静かに待っていてくれた。

「もう二度と吹かないでね、今の曲」

「私聴きたくない」ほとんど聞き取れないほどの小さな声で美奈子は言った。

「あんな音色に包まれたら寂しくてたまらなくなるじゃないの。継志さんの馬鹿！」肩に回されている腕に力をこめて顔も上げずに続けた。

「ごめん、あのセレナーデしか吹けないんだ。そんなつもりはなかった。もっと楽しい曲が吹けたらよかったね。そう、ハメルンの笛吹男みたいに、聴いてる人達が踊り出すような不思議な曲が」

　腕を解くと少佐は軽々と美奈子を抱き上げてテラスのベンチに腰かけながら膝の上に横向きに座らせると彼女の顔を覗き込んだ。

　頬を流れる涙にくちづけると「ハンカチを取り出す暇もなくて失礼ですが」わざとおどけた口調で少佐は言った。

「俺達の天の川の街に、またすぐに冬がやってくるよ。これから百貨店へ行こう。そろそろ冬支度をしないといけないからね」少佐の首に両手を回して瞳を閉じたままで、頬に額を押しつけた美奈子は黙って頷いた。

＊

ハルピンでもっとも成功した貿易商の松浦洋行のフロアで、マフラーを買い求める美奈子の肩を見つめながら、少佐は売り場をやわらかく照らし出すライトの下を行き交う雑多な人々の流れから漂ってくる、乾いた冬の前触れの匂いを鋭く感じ取っていた。

表通りからは馬車の立てる蹄の音が規則正しく響いてくる。秋が深まっていき、この街に大陸の冬は容赦なく駆け足でやってきて昭和十八年が終わりを告げるのだろう。勝利の時代は遠い昔になった。すさまじい工業生産力を誇るアメリカという若々しい国は、蔣介石への膨大な物資の支援を行い、民間人に偽装した軍人を多数送り込んで日本と戦わせて、実質はわが国とは早くから交戦状態だった。あの宣戦布告へと追い込まれていく忍耐の日々の重苦しさは、華々しい真珠湾奇襲の戦果によって吹き払われたものだったが。

戦局の悪化など信じたくはない。しかし、伝えられる数字は冷酷に彼我の決定的な戦力差を示して余りあるものだった。

何としてでも勝つという精神至上主義だけでは勝利は覚束ないはずだ。

じゅうぶんにわかってはいるけれど、かといって手を拱いているわけにはいかない。なんとかして戦勢挽回を試みて、なるべく有利な条件で講和に持ち込まなければならない。

アメリカに一泡吹かせてやることが必要だ。どうしても。南方の占領地を奪われれば、次は飛び石のようにして台湾や沖縄を陥落させ、奴らはいよいよ本土を目指してくるだろう。

泥沼のような国民党や八路軍との戦いはいつ果てるとも知れないのに、次第に頻繁になる在満部隊の南方転用によって関東軍の多くの兵舎はガラ空きになりつつある。日ソ中立条約により北からの不安は幾分か和らいではいるけれど。

「ほらどう？　似合う？」パールグレーにラメが入った縁無し帽を少し斜めに被った美奈子がウィンクしてみせた。手には淡い桜色のマフラーを持っている。

「うん。とてもね」少佐は目を見張って微笑んだ。

「いいアクセントになるねきっと。たまにはこういう買い物もしないと」

「うん。選んでる時がね楽しいよ。なんにもよけいなことは考えずにいられるの。目の前の品物とだけ向き合っていられるとっても素敵な時間だよ」

「なんにも考えないで、からっぽになって楽しむ時間もないといけないよ。桜色のマフラーだね。若葉と一緒に咲く山桜みたいな色でとてもいい」

「戦争が終わって東京に帰ったら、うんと丁寧に美味しいお弁当を作ってあげるから二人でお花見に行こうよ。酔っぱらってもいいからさ。その時は特別に許してあげる。この街の日々を、ひとつひとつ思い出して過ごそうね。花冷えで風邪引かないようにマフラーをしていこうと思ってこれを買ったのよ」美奈子の黒くて大きな張りのある瞳にショーウィンドーのライトが映っていた。

この瞳を……少佐は思った。俺はこの瞳をこれから胸に抱いて戦うのだろう。たとえこの瞳から涙を溢れさせることになっても、力の限りを尽くして、この瞳のために戦うだろう。俺は軍人だから、死ぬ時は軍服を着て死にたいけれど、胸の奥深くにはこの瞳を抱きしめたままで倒れたい。この瞳は日本だ。俺の愛が一直線につながっていく愛する日本だ。大元帥陛下が統べたもう日本だ。欧米列強が数百年もの長きにわたって支配していた亜細亜に、身を殺して解放の狼煙をあげた誇りある帝国だ。

この人を帰す本土に敵を上げたくない。故郷であり祖国である四季の恵みに満ち溢れた美しい山河を残してあげたい。この天の川の街は二人の宝石だ。将来どんな民族が住むようになったとしても、そこかしこに残る、淡く儚くとも鮮やかな美しさを刻んだ二人の愛の時は、永久に風の囁きとなって残るだろう。世界から戦いが去った日々に河畔を歩く恋人達の胸を、前触れもなく甘美で悲愁に満ちた不可思議な鼓動が優しく包む時、二人は思わず顔を見合わせながら、つないだ指に力をこめるのかもしれない。

この美しい街で出会い、数奇な運命に翻弄されながら愛しあった二人の日本人がいたことを、地平線を吹き渡ってくる大陸の風と、楡の緑に降り注ぐ月光は語り伝えてくれるのだろうか。

聖ニコライ会堂の鐘が鳴り始めた。

二人は夕食に向かうために、辻馬車を拾って百貨店を後にした。

＊

息が白くなるのにそう時間はかからなかった。人も馬も凍えるような吐息を洩らしながら暮らす冬が、天の川の街を再び占領した。街路樹はすっかり葉を落として少しでも陽射しを人々に届けようとしていたが、体を締め付けるような凄まじい寒気の前には無力だった。

満人街のレストランにもロシアレストランにもペチカが暖かく燃えていた。それはまるで再びめぐってくる春を待ちわびる祈りに捧げられる燔祭を準備しているかのように、絶え間なく、そして狂おしくさえ感じられるほどの炎を保っているように思われた。

年が改まろうとする直前、昭和十八年もあと数日を残すだけとなったある夜に、二人はモデルンホテルのシラムレンに座っていた。初めて出会ったカウンターで、今度は寄り添ってグラスを手にしていた。

ふれあっている腕がとても温かかった。少佐はハンカチを取り出すとカウンターで重ねた二人の手にそっとかけて指を微かに絡めた。伏し目がちのバーテンダーの方を見ると、秀麗な面持ちの彼は、僅かに見上げた瞳を少佐に合わせると下唇を噛み締めながら視線を逸らした。まるでそうすることで、この美しい楡の街に迫る多くの別離の影から自分は身を隠すことができるかのように。

「ねえ、一日飾りはダメなんだよね？」

「なんだい？　出し抜けになんのこと？」

「お正月を迎える準備よ」

「ああそうかあ。外地に来てからはすっかりそういうこと忘れてたよ」

「継志さんはパリっとした着物も持ってるんでしょう？　家紋が派手に付いたのをさあ」

「派手にかどうかは知らないけど、少尉に任官した時に身内が作ってくれたのがあるよ」少佐はグラスのスコッチを干すと、やや仰向けに顔をそらしたままで笑って言った。

「なんでそんなこと聞くの？」

「ううん、ちょっとね思い出したのよ。おうちで師走にしてたことを。大掃除とかでクタクタになると、もう正月なんて来なきゃいいのにって思うのにさ、来てみるとなんとなく華やかで楽しくなって、お宮詣りに出かけたりお客があったりすると嬉しくなってきて」

「お年玉も貰えるしね」

「そうそうお屠蘇もビールもお酒も混ぜて楽しく酔っぱらえるし」

「おおすごいな。頼もしいお嫁さんになってくれそうだ」

「その強気な妹さんはお酒もいけるの？」

「どうかなあ？　たぶん飲んでも飲まなくてもよく喋るよ。ともかく頭の回転が早くて口が減らないやつだからね。美奈子といい勝負だよきっと」

「悪かったね！」美奈子は出会った夜のように弾けるように笑った。

純白のカーテンを引いたように冬一色に街を染め上げた雪の向こうから、遙かな地平線を満たしながら低く重く近づいてくる遠雷のように転属の時は迫っていた。

「来春は南方の守備隊へ配属で孤島防御に能力を発揮してもらうことになる。比島の保持と本土防衛に欠かせない島嶼だから特に望まれての赴任なのだ」上官がそう伝えた時に浮かべた、言葉とは裏腹な一種名状しがたい複雑な表情が少佐の網膜に焼き付いて離れなかった。

比島保持か。ということは現状から考えればパラオしかない。状況によっては来年中にも敵は上がってくるだろう。これまで、断片的にではあっても職務上接し得た情報からすれば、海空の支援をほとんど受けられないままでの孤立した戦闘になるのは間違いない。補給が途絶えればその後は……

ますますのご奉公の時だ。

「そう言えば美奈子の着物姿ってまだ見てないね。洋装ばかりだ」

「うん継志さんの軍服と同じだね」

「ああそうか内地で撮った写真を見せただけだったね。今度着てみるから見てくれよ。辛口の批評をどうぞ。そのかわりに美奈子の着物もいつか見せてよ」少佐は微笑んだ。

「とっても似合ってると思ったよ、継志さんに」

「初めてここで逢った夜に、美奈子は俺のこと軍人みたいな商社マンだって言ったものね。鋭く見抜いたわけだ」

「あれはね最初見かけた時から、なんとなく軍服が似合いそうなひとだなって感じたからだよ。軍人ってみんな同じように見えるけど、継志さんは特に板に付きそうに思えたの」

「まあね、イイ男だなって思ったわけ。照れるよ、馬鹿ね、こんなこと言わせるなんて」美奈子は頭を軽く少佐の肩にもたれさせて瞳を閉じると小さく呟いた。

「あれから迎えた初めての冬とはとても思えないね。もう何度も二人で春夏秋冬を繰り返したような気持ちがしてたまらないというのに、この天の川の街で過ごした四季はたった一度ずつなんだ」

「不思議だよ」言い終えると少佐は、バーテンダーに空になったグラスをかざして軽く頷いた。

「指二本で、まるい氷にしてくれ」

「まるで地球みたいな、まあるい氷にね」閉じていた瞳を開けると美奈子が小さく言い重ねた。いつのまにか涙が頬を伝って少佐のスーツを濡らしていた。

＊

「もうアメリカと戦争になって3年目ね」

「ずいぶん旗色が悪いんじゃないの？」美奈子は続けた。昭和十九年の春が行こうとしていた。

　出会った初めての夜にバーを出てから立ち寄った飯店で、最後の夕食を取り終えて二人は向かい合っていた。出発が明日に迫っていた。

「美奈子、内地へ帰る準備は終わった？」

「うん、あんなに毎日みたいに言われたんだもん。いとしの少佐殿は戦争が終わったら末永く一緒に暮らそうと言ってくださるし」彼女は口調を変えておどけてみせた。

「もう内地の桜は終わったかな？」

「日本は南北に長いのよ。まだこれからって土地もあるわ」

「軍律違反だが」と、彼は言葉をいったん切ってから彼女を見つめた。

「明日はフィリピン経由でパラオ方面へ向かうんだ」言い終えると大きく息をついた。

「アメリカが相手だよ」

「パラオってきっと暑い島だよね？」

「そうらしい」

「押し寄せてくるのね？」

「ウンザリするほどの大軍だろうな。フィリピンを奪い返すためにあいつらも必死さ」

「大丈夫なんでしょう？」

「たくさんの飛行機と船が厄介だよ」

「どういうこと？」

「島の周囲の海と空を奴らにすべて支配されるはずだ」

「連合艦隊が来てくれるんじゃないの？」

「そう願いたいが」少佐は言葉を切った。

「もし来ても島に近づけないだろう。戦が終わるまでは」

「きっと勝てるよね。追っ払わないと！」

「ああ、もちろん！　美奈子を護らないとね」

鉄が豪雨のように降り注ぐ間は、ひたすら地面に潜っているしかない。

砲爆撃が止めば海岸へ大軍が殺到してくる。砂浜にひしめく第一陣へ砲火を思い切り浴びせかけたら、あとは後退して地下陣地や洞窟陣地で持久戦闘をやるしかない。弾薬と糧食の補給はもちろんのこと、医薬品の確保や武器の修理もままならなくなるだろう。戦車と重火器を大量に陸揚げされて橋頭堡を築かれれば小銃と手榴弾や擲弾筒だけでの阻止は不可能に近くなってくる。艦砲射撃と空爆によって我が方の重火器は早期に潰されてしまうはずだ。その後は……追いつめられての小人数での斬り込みを極力反復しながら、一日でも二日でも、敵がフィリピンや沖縄へ、そして内地へ上がるのを遅らせるしかない。生きては帰れない最後の戦いだ。美奈子、美奈子、おまえにそう伝えられるはずもない。この街でおまえにめぐりあえて俺は心から幸福だった。生きてくれ。俺の残りの命をあげよう。俺にもう一度人を愛する気持ちを思い出させてくれてありがとう。

「じゃあ、明日でひとまずお別れだね。武勇伝、たーくさん聞かせてね。美奈子、楽しみに待ってるよ」屈託のない笑顔でそう言いながら彼女はコバルトブルーのハンカチを差し出した。

「千人分以上の想いを込めたからね。アメ公の弾なんか絶対に当たらないよ」

広げると、中央の黄色い円の刺繍の中に「継志」という文字が赤い糸で縫い取りしてあった。それは日の丸に似たデザインだった。

「海に月だね。百人力だな。大切にするよ」少佐は微笑んで丁寧にたたむと軍服の内ポケットにしまった。

「東京へ帰って落ち着いたら、頼んだ品を実家へ届けてくれ。二人の写真も手紙も送ってあるし、好敵手の妹とも婚約者としてご対面だよ」

「うん家財道具も選んどくから」

生き生きとした瞳に涙はなかったが、彼女の口元を狂おしさの影が一瞬かすめ、青い煙を引くプレーヤーズを挟んだ細い指先が細かく震えた。

少佐はふと、敵に内通していた確証をつかんだため処断しなければならなかった満州族の若い男を郊外で自ら射殺した時のことを思い出した。あの時も、こんなふうに煙草を挟んだ彼の指先が細かく震えていた。あいつは最後まで堂々としていて命乞いをしなかったな。

灰がぽとりとテーブルに落ちた。

「それから、何か困ったときは東京憲兵隊の橋野猛大尉を訪ねてくれ。師走に転属してここから離れた。美奈子のことをよく頼んであるからね。誠実で生一本ないい将校だから必ず力になってくれるよ」

放心したような美奈子の手からくすぶる煙草を取ると灰皿で揉み消して少佐は言った。

「これだけの戦争だから何があるかわからない。万が一、東京も空襲を受けるようになったら大磯の親戚を頼って疎開してくれ。これから敵が首都を大規模に叩いてくることはじゅうぶん予想されるからね」

部屋に戻り、ベッドに入っても二人は黙しがちだった。胸で支える美奈子のいとおしい重さを確かめるように、少佐は彼女の髪の香りに身を浸しながら限りなく優しい漣のような愛撫を繰り返した。千の唇が互いを求め、僅かでも二人の間に隙間を作らず、まるで彼女のすべてを自らの内に塗り込めてしまおうとでもするかのように強く抱きしめながら。

もう言葉はなかった。もはや言葉はどれほど重ねてもなんの意味もなかった。このベッドは、否応なく未来へと流されていく丸木船のようで、強い流れに抗う術を持たない二人は闇に漂う命の戦きにただひたすら身を委ねているしかなかった。

美奈子のこめかみに唇をあてたままで、淡い月光に照らされながら波打つ髪を間近に見つめていると、海原が急に部屋いっぱいに広がっていく気がした。コバルトブルーの輝きがシーツを染め上げて、遠い懐かしさに溢れたいとおしい色彩の花びらが空から海に舞い降りたかと見る間に、それは水面に散り敷かれた桜の絨毯となって、もう久しく吸ったことのなかった潮の香りが二人をゆっくりと包み込んだ。

海に舞い散る桜は、まもなく久遠の道を行こうとする若い兵士達が胸に抱く、郷土と愛する人々への想いを可憐でたおやかな姿に乗せながら南の風に哀しく身を任せているように思えた。

郷愁も未練も恐怖も、尽きぬ哀惜の渦に巻き込まれながら輪郭を失っていき、奥深い命の詠唱が希望を眠り込ませるように低く響き始めて、とうに涙さえ枯れてしまった二人の嘆きを弛緩させ、傷みをやわらげてくれる気がした。

明け方の光が部屋に差し込み始めた時、浅く重苦しい眠りから二人は目覚めた。体温であたためられたシーツは、大陸の晩い春の夜明けの冷気を拒絶しながら二人を懸命に護ろうとしているかのようだった。

楡の街での最後の朝食を終えると、少佐は久しぶりの軍装を整えた。軍服姿を一瞥した美奈子は無理に微笑むとすぐに目を逸らして鏡台に向かった。

「なーんだ褒めてくれないの?」努めて明るく背中に声をかけると、鏡の中の美奈子と目が合った。

「とってもお似合いよ。でもさ、一緒になったら毎日見ることができるんだから、褒めるのはその時に取っとくわ」鏡の中の唇が動いた。

「楽しみにしてるよ」ソファから立ち上がって美奈子の背中に両手を置きながら少佐は言った。

「玄関までしか行かないわ、やっぱり私」

振り向いて見上げながら彼女は肩に手を重ねて呟いた。

涙はなかった。それは、別離の狂おしさも激情も、優しい光をたたえた瞳の奥へ深くせつなくたたみこんでしまったあとの落ち着いた声だった。

「通りには出ないでお見送りするからね」

なぜ？　とは少佐は聞かなかった。ただひたすらに男らしく振り向かずに行こうと懸命に思った。

「じゃあ元気で行ってらっしゃい！　私のいとしい少佐殿」

少しうわずった愛するひとの言葉に、目深にかぶった軍帽のひさしに軽く手を当てて敬礼すると、いとおしい声の余韻を耳の奥に大切に残したままで少佐は踵を返し、ドアは閉めずに急ぎ足に階段を降りると表通りに出た。

いつもの朝の雑踏に高鳴る胸を抑えて紛れこみ、二階のカーテン越しに見送っている美奈子の視線を背中に痛いほど感じながら、この天の川の街で大切に積み上げてきた二人の時間を思い切るように足を早めた。

あれはもう、遠い遙かな朝だったような気がする。

胸ポケットに入れてあるハンカチの感触を確かめると、司令部入口で立哨中の衛兵に厳正に答礼しながら少佐は口元を引き締めた。

＊

西海岸近くの速射砲陣地で青山辰也少尉は微かな潮騒の音に耳を傾けていた。

入営前、婚約者の亜季子と都内で一日過ごしたあとで夕暮れに立ち寄った目黒不動尊の境内。

あの日の二人は意識して戦争にも軍隊にもふれないようにしていた。二人とも、長引く支那大陸での戦いで亡くした身内がいたし、我が身に迫った別離にはなるべくよそよそしい態度を取りたかった。まるでそうすることで、戦場へと続いていく目の前の現実から少しでも遠ざかれるかのように。

この非常時に非国民が！　と言わんばかりの刺すような視線には何度もぶつかったが、二人は意に介さずに歩き続けた。この「今」は宝石のような時なのだから、一分一秒も無駄にしたくなかった。

時計に目を落とすことを意識して避けた一日だったが、それでも駆け足で夕暮れはやってきた。

「辰也さん、去年の夏に行った滝を覚えてる？」亜季子は見上げるようにして突然言った。

「うん、耳元で歌ってくれたね」

あの時は奥多摩へ出かけ、二人で深い緑色に染まった湖面を見つめながら滝の音を聴いて一日を過ごしたのだった。

木製のベンチで寄り添って座り、辰也はアーサー王伝説をゆっくりと話して聞かせた。エクスカリバーを抱いて湖面へと浮かび上がってきた妖精の美しさとアーサー王の数奇な運命とその最後を。

頭を肩にもたれさせて聞いていた亜季子は、湖面を指さして言った。

「あの深みから妖精が浮かんできたら、エクスカリバーを私にくれるかしら？　辰也さんが無事でいられる魔法をかけてあげたいから」

「魔法がなくても僕は大丈夫だよ。亜季子を連れてヨーロッパへ行く約束があるから果たさないといけないし」

「ケルトの文学を研究したいんでしょう？」

「うん。アイルランドのトリニティカレッジにも行ってみたいんだ」

「アイルランドは敵じゃないの？」

「いや日本の敵じゃない。イギリスに七百年も支配されてきた国でね、もしもインドの位置にアイルランドがあったら日本と一緒にイギリスと戦ったかもしれないよ」

「アメリカもイギリスも辰也さんと同じキリスト教徒の国なのにね。なんで憎みあうのかしら？」彼女は下唇を噛みしめ、その日初めて時計に視線を落とした。

「ナチスドイツとイギリスやアメリカもそうだよ。互いに同じ神に祈りながら戦ってる」

「人間には計り知れないところがあるのかもしれないね」辰也は静かに続けた。

東京の空を紅く染めていた夕日が落ちようとしている。見上げた二人は不意に沈んでゆく太陽をもう一度呼び戻したい気持ちに強く捉えられた。もう一度できることなら二人の一日を呼び戻したい。「亜季子、あの歌をもう一度歌ってくれないか？」

「夢に出てきたんでしょう？　亜季子が見た夢に。鐘の周りを小僧さん達が回ってて、亜季子はその時代に生きていた遠い記憶がよみがえってきたって言ったよね」

辰也は優しく亜季子の手を取ると軽く振りながらそっと唇に押し当てた。そのまま木の柵に腰を下ろすと彼女は瞳を閉じて歌った。「三十三間堂は燃えてしまった……」

美しく心細げで、それでいて心の奥深いところにある襞を愛撫しながら滑り込んでくるような声だった。

沸き上がってくる郷愁と悲哀と、断ち切らねばならない未来への願いが明滅しながら二人の胸を引き裂くように思えて彼は強く彼女を抱きしめた。二度と離したくないと思い、このままひとつになって戦いが猛り狂うこの世界から飛び去りたい気がした。

二人は現実の前で無力だった。別離に立ち向かうどんな術も持たなかった。

「どうにかして」彼女は絞り出すように言った。

「辰也さんだけは戦争に行かなくてすむようにできないかしら？」

「他の人は戦うのにかい？」

「二度と会えないかもしれないのよ！　私達だけでどこかに逃げられないかしら？」

「男のすることじゃない！」

語気を強めてから彼女の頬が濡れているのに気づくと彼は優しく手の甲で涙を拭った。

「戦える者が前に出て防がないと亜季子の盾に誰がなるの？　僕は亜季子のために生きたいし亜季子のために命を賭けたい。肉親と郷土を守りたいんだよ。国民が勇気を振るって最後まで戦い抜くことが、天皇陛下の御心に添い悠久の大義に生きることだと信じてる」

「亜季子への愛と日本への愛は僕の中で一直線につながってるんだよ。恋い焦がれる気持ちはひとつ、命を投げ出す値打ちがあるもの」

艶やかな彼女の髪に唇を押し当てながら辰也は自分に言い聞かせるように囁いた。

＊

聞こえてくる微かな潮騒はまるで戦争が遠い世界の出来事であるかのように穏やかな風を運んでくる。青山は遥かな日本の都へ思いを馳せていた。栞を挟んで置いてきた、英雄クー・フーリンの物語やアイルランド史の皮表紙の色と手触りがしきりに思い出された。

あれは誰の歌だったろう？「遠き都に帰らばや」という一節だけが繰り返し繰り返し浮かび、青春を過ごした東京の風景が色彩も鮮やかに星空に描き出されてくる。

敵が上がったら砲身が焼けるまで撃って撃って撃ちまくるのみだ。撃ち尽くしたら歩兵になって先頭に立って斬り込もう。

戦争が終わったら……亜希子とヨーロッパへ行こう。博士号を取って大学で教えたい。そのためには戦い抜いて転戦を……

本土へ敵が上がるのだけはどうしても防ぎたい。今の俺は自分だけのことを考えてはいけないんだ。まずは目前の部下を任務に邁進させないと。俺は将校なんだからここでこそ踏ん張るんだ。部下は俺だけが頼りなんだから。

西海岸の砂浜はとても美しい。島の緑は爆撃と艦砲射撃で焼かれてしまったけど、奴らも海の色までは変えられない。

戦争でなければ……少尉はふと思った。亜希子の頼りなげな細く白い肩が浮かんだ。戦争でなければしたかったことがたくさんあるような気がした。

でも今は戦いの時だ。

潮騒をさえぎるように大きく息をつくと彼は海岸線の方向を睨みすえた。

＊

帆足一等水兵は飛行場近くの海軍陣地で軽機関銃の手入れをしていた。

出征前夜、二階の部屋に上がってきた小さな妹のことがしきりに思い出された。

あの夜、いつもは母親にぴったりくっついているのを忘れたようにして妹は彼に長くまとわりついていた。

国民学校にさえまだ上がらない幼い子にも、早くに応召して大陸に散った長兄に続いて家を出て行く次兄が、翌朝には旅立つ空気が慌ただしく掻き乱している周囲の空気が伝わるらしく、本棚をさわったり手荷物をあけてみたりしながら、時折じっと兄の顔を見つめていた。

「たあにいちゃんは、来年は帰ってくるの？」伸びをするように兄を見上げ、きれいな瞳で真っ直ぐに見つめながら聞いた。

「うん。アメリカをやっつけたら帰ってくるよ」

「アメリカは強いの？」

「少しね。でも、にいちゃん達が追い返してやるよ。由紀ちゃんやかあさんを守ってあげないと」

「たあにいちゃんは戦争に行くのが怖くないの？」

「そりゃあ怖いけどね、にいちゃん達が行かないと由紀ちゃんはもっと怖い目にあうんだよ」

「かあさんや由紀ちゃんをアメリカから守るのが、にいちゃんが今しなければならないことなんだ」

不安そうにしている妹の小さな手を包むように握ってあげながら彼は優しく言い聞かせ

た。

「由紀ちゃんもお手伝いをしっかりしてお利口さんにしてるんだよ」

「帰ってくるからね。にいちゃんは必ず」

勇気づけるようにそう言った時に、二階に上がってきた母と目が合った。

「由紀、おにいちゃんはお客様にご挨拶もしないといけないのよ。さあ、お母さんと一緒にお茶の間に行こうね」

母は少し赤い瞳をして妹を連れて階下に降りていった。妹の小さな肩と、おかっぱ頭がいじらしく見えてしかたなかったのを覚えている。

翌朝の壮行会での町内会の人々への勇ましい挨拶、日の丸の小旗の波、波、波。そういった光景がまるで芝居の書割でも見るように半ば嘘めいた色彩で浮かび上がってくるのを、帆足は武器手入れの手は休めずに南洋の焼け焦げた小島の真ん中で眼前にありありと見つめていた。

空爆につぐ空爆を受けているが、いったいいつになったら援軍は到着するのだろう？ わが海軍は増援準備を急いでくれているのだろうか？ 連合艦隊はいつ来てくれるのだろう⁉

ペリリューを取り巻いて巨大な艦砲弾を撃ち込んでくる敵艦船群と、傍若無人に乱舞しては爆弾の雨を降らせたり、ナパーム弾をバラ撒いて緑を焼き尽くしている飛行機の群れに業を煮やしていた彼は、わが大規模逆襲によって敵を圧倒殲滅する瞬間をこの目で見たいという思いがふつふつと湧いてきて、その思いがあの日の記憶に残る妹の小さな手のぬくもりとめまぐるしく交錯してきていやがうえにも敵愾心を燃え立たせた。

早く上がってこい！　帆足は思った。なぎ倒してやる。飛行場をアメ公の死体で埋め尽くしてやる。日本へは絶対に一人も行かせないぞ。

陸さんの戦車隊もいることだし、堅固な天蓋を取り付けた砲もたくさん配置してあるんだから必ず奴らを海へ追い落とせるはずだ。早く来い！　おまえらと近距離で組んでしまえばもう艦砲も空爆も使えやしない。組んでからが勝負だ。

空を見上げると南の星々が競って流れ落ちてくるような気がした。

帆足は恩賜の煙草を取り出すと火を点けて大きく吸い込んだ。南洋の夜空に上海攻略戦で戦死を遂げた兄の面影が浮かんできて優しく微笑みかけた。阿鼻叫喚の修羅の時を目前にして、今は郷愁も悔恨も愛憎も未練も一切を放擲した青年の瞳に映る星々は、澄み切った輝きをいつまでも放っていた。

＊

いよいよ上陸が迫り、空襲と艦砲射撃も苛烈を極め、鉄製の掩蓋を取り付けた砲座が破壊されて射撃不能になったり砲側の兵員が全滅したりし始めた。

高射砲で敵観測機を撃墜したり、掩蓋を強化補修したりしながら戦力の温存に努めてはいたが、炎の帯が悪魔の舌のように伸びてあらゆるものを焼き尽くすナパーム弾の攻撃も反復され、連日激しさを増していく砲爆撃と上空を乱舞する敵機や沖合を埋め尽くす艦船群は、地区隊の兵士達の敵愾心をいやが上にも煽り、神経の緊張と相俟って上陸を待ち望む気持ちを高めていった。

爆弾と艦砲の大音響と飛び散る鋭利な鉄片、樹木を焼き尽くしながら周囲の酸素を根こそぎ奪って窒息死させるナパーム弾の威力は島の地形を変えてしまうかと思われ、ペリリュー以前に玉砕していった島々の友軍が味わった恐怖と悔しさを地区隊将兵は燃え上がる闘志と共に噛み締めていた。

上陸予想地点である西海岸のリーフ付近に黒い顔がうごめいていた。

数日前から、黒人兵ばかりで編成された障害物処理班が作業を始めていた。旗を各所に立てながら、我が方が設置した水中障害物をひとつずつ慎重に撤去していく。

アメリカ軍ではヨーロッパ戦線でも太平洋でも、損耗率が高い任務へは有色人種、特に黒人兵が回されるのが常だった。老いた両親を収容所から出すために、アメリカ合衆国への忠誠心を示そうとしたハワイの日系2世の若者達が派遣されたヨーロッパ戦線でもそれは同じで、モンテカッシノの僧院やフランスの森を巧妙かつ頑強に防御していた優秀な装備のドイツ軍との凄惨な激戦に多くの日系人達の若い血が流された。

青山少尉は、陣地内から双眼鏡で処理班の作業状況を監視していた。我が方には沖縄の糸満出身者で編成した水中挺身隊がある。処理が終わったと報告を受けて安心してリーフを超えてくれば二重三重の罠に陥り空中高く吹き上げられるだろう。少尉はリーフに蠢く黒い兵士達を見つめながらそう思った。

南洋の暑熱は容赦なく照りつけて軍服を今にも燃え上がらせるようだったが少尉は長時間同じ姿勢を崩さなかった。

敵に鋭く注がれる視線とは裏腹に、彼は網膜に映る敵兵の姿とはまったく別の中近東を舞台に展開する旧約聖書の魅惑の世界を唐突に胸によみがえらせていた。時代を超えて変わらない、人間の高貴と卑劣、欲望と自律、希望と断念、信頼と裏切り。そこには数多くのドラマが新鮮な息吹と共に息づき青年の魂を魅了してやまなかった。

戦争によって断ち切られたいとおしい学窓の日々。読みかけの書物に挟んだ栞を再びはずす日の幻影が、亜希子の面影と一緒に眼前に浮かんできたような気がして少尉は唇を噛みしめた。

＊

南地区の陣地群は西海岸に上がった敵の急速な浸透が予想される地点だった。押しまくられて追い詰められれば後ろは断崖絶壁だ。近くの無名島には上陸地点を横から叩く側防砲兵が完璧な標定を済ませて陣地占領中だった。

自動砲を指揮する朝鮮半島出身の李卓玄少尉は、大陸での勤務時代に目をかけてもらった北之口大佐の愛情が忘れられなかった。

「内鮮一体の聖旨とは裏腹に威張り散らす者がいる。困ったものだ」開口一番、初対面の時に北之口大佐は少尉に言った。

表情に真摯さが現れていた。大佐は少尉の家庭状況などを詳しく聞いたあとで「そうか。ぜひ陸大に進んで勉強しないといかんな。近日中にまた来るように」と破顔一笑した。出頭すると大佐は写真班を呼び、少尉と一緒に写真を撮り、次の出頭時に写真立てに入れて手渡すと「これを机に置いてしっかり勉強すること。俺は君の勉強ぶりをいつも見ているから」と慈愛に満ちたまなざしで言った。

軍務の合間に机に向かう時、どこか父のような存在に見守られているようで少尉は嬉しく、疲れも吹き飛ぶような思いがして懸命に勉強した。時折は大佐から電話があり状況を聞かれたが、最後はいつも力強い励ましで締めくくられるのが常だった。

少尉は戦闘中に至近距離に着弾した砲弾の破片で重傷を負った。少尉の年若い伝令兵は、自らも重傷を負いながらも少尉を担ぎ、あるいは引きずって三日の行程を包帯所まで搬送した二日後に息絶えた。担架に横たえられていた少尉を発見した大佐は「君を死なせるわけにはいかない。死なせては陛下に申し訳ない」と言い、自分の外套を担架の上からかけると内地の陸軍病院まで後送するようにとりはからってくれた。

少尉は奇跡的に一命を取り留めてから大佐の配慮を聞かされたのだが、完治後にパラオ方面への転属命令を受けて内地を立ち、司令部に着任申告を終えた直後に北之口大佐の二ューギニアでの戦死を聞かされた。

内地で治療中の彼のもとへ届いた手紙の中で、いずれ君は大韓を背負って立つ使命を帯びていることを忘れないように。他日の独立に備えて刻苦勉励し、将来は民族の指導者となり日朝の大義に生き抜くべしと、大佐は繰り返し語りかけていた。

他の戦場で任務に就いている半島出身者の同期には「内鮮一体なんて嘘だ！　俺は天皇陛下のためには死ねない。ただ、朝鮮民族の肝っ玉を必ず日本人に見せてやる」と複雑な胸中を密かに披瀝した者もいたが、李少尉は併合の無念さよりも何よりも、半島出身者である自分を身を挺して救った後に息絶えた若い日本人の部下や、大佐が純粋に示してくれた民族を越えた友情と慈父のような愛情を肌身に感じ、日朝の大義に生きるという理想に最後まで邁進しようと決意していた。

朝鮮名のまま部隊の指揮を執る高級幹部もあったし、兵士達にとってそれはなんでもない事だった。要は優れた指揮官なのかどうかが問題なのであり、命を預けられ忠誠を尽くす対象に足る人材かどうかだけだった。

李少尉は、あくまで職責を果たすつもりだった。北之口大佐が願った日朝の大義とは、両民族がプライドを崩さぬままで対等に融和し、協調の中で共に発展していくことなのだ。今、自分は大日本帝国の軍人なのだから、任務である敵撃砕にひたすら突き進むのみ。

迷いはなかった。ここで重責を果たすことは必ず他日の大韓の雄飛に役立つし、それこそが父のように愛情を注いでくれた大佐への何よりの恩返しになるはず。

少尉は、慈愛に満ちた大佐の温顔を思い浮かべると、目前に迫った修羅の時への恐怖も躊躇も雲散霧消していく気がして全身に力が漲ってくるのを感じた。

第五章　メイビースリーデイズ

昭和十九年九月十五日の夜が明けた。

島を取り巻く艦船群の動きが慌ただしくなり、起重機で海面に降ろされた上陸用大型舟艇のエンジンが轟き始めて、殉国の闘志を燃やす群馬健児の氏家大尉が守備する西海岸へも轟音が風に乗って運ばれてきた。

米軍艦船では従軍牧師による祈祷が行われていた。

「世界の平和のために戦う勇士の皆さんの上に神のご加護がありますように。豊かな恵みのうちにあって皆さん一人一人が主の御手に抱かれて守られ、万が一、天に召されることがありましても溢れる慈しみの中で大いなる憩いにつけますように……」

艦砲射撃が始まり、地区隊兵士達はすさまじい轟音と飛び散る破片に顔も上げられなくなった。ものすごい物量だ。十重二十重に島を取り囲むのは敵艦船ばかり、豪華な病院船まで四隻も浮かべて準備を整えながら、敵は有り余る砲弾をスコールのように叩き込んでくる。

祈祷が終わると船上のスピーカーから流れる牧師の声に耳を傾けていた海兵達は縄梯子

を伝って舟艇へと乗り込み始めた。ペリリューは砲撃の煙にかすんでよく見えない。これほど爆撃の雨を降らせ、艦砲を叩き込んできたのだから日本軍はほとんど生きていないかもしれない。海兵達の多くは三日もあれば戦闘は終わるはずだと自らに言い聞かせながら揺れる舟艇の上で気持ちを落ち着かせようとしていた。メイビースリーデイズ！　すぐに終わるさ。

水陸両用装甲車に移乗しようとした海兵第一連隊長ルイスプラー大佐に艦長が声をかけた。

「大佐、この作戦じゃ体がなまってしょうがないんじゃないか？」「どうしてだい？」大佐は短く不機嫌に応じた。

「これだけ念入りに上陸準備の砲爆撃をやってきたんだ。日本兵はもうほとんど生きちゃいないよ。大佐に残されてるのは敗残兵狩りくらいでしょう？」

「そうかもしれないな」大佐はやや苦笑しながら答えた。彼は日本軍のすさまじい闘志と勇気をこれまでじゅうぶん身をもって味わってきた軍人だったが、サイパンでのように水際での戦闘からお定まりの夜襲、そして最後にバンザイ突撃という日本軍の全滅パターンは心のどこかに刻まれていた。

今度もたぶん同じだろう。ガダルカナルやニューブリテンを陥落させてきた勇猛なわが第一海兵師団の前に、敵は木っ端微塵に粉砕され僅かな抵抗の後に全滅するだろう。

多少は手こずるにしても。

大佐は信頼する部下達に目をやりながらそう思った。

西海岸から二千メートル沖合で停止した舟艇群は、三百隻もの水陸両用装甲車を吐き出すと横広に隊形を整え始めた。海は白く泡立ち、吼えるエンジン音と空を引き裂く艦砲射撃の音は、南洋の小さな島を包み込みながら一気に押し潰してしまうかのように思われた。

一気に海浜に殺到すべく第一波がリーフを超えようとした刹那、すさまじい轟音と共に水柱が上がって何隻かが吹き飛び、死者達が海面を漂い始めた。

この凄惨な光景が広がると、報告を受けた艦船群はすぐに煙弾を多数海岸陣地に打ち込み、守備隊を盲目とするために昼を夜に変えてしまった。

ちぎれた胴体と頭が漂う珊瑚礁の海は喘ぐように揺れている。

生き残った多数の舟艇は岸をめがけて突進してきた。海浜へあと百メートルほどの線まで達した時に、高射機関砲を含めた日本軍の全火器が一斉に火を吹いた。撃ちすくめられた海兵達はもんどりうって海中に落ちる。上陸地点付近にだけは、アメリカご自慢の艦砲も豪雨のような弾幕を友軍の上に直接被せることはできない。待ちに待った射撃命令を受けて、これまでの溜飲を一気に下げるかのように海岸付近陣地一帯の日本軍全火器は猛り狂った。

西海岸側方の無名小島に配置されて、入念な事前位置評定を終えていた砲兵も一斉に砲門を開いて正確な砲弾を敵の真ん中に叩き込んだ。おかげで車両は北へ北へと蝟集するようになり、そこをまた直射弾道火器の集中射撃を浴びて犠牲が続出したのだった。

高射砲もまた、水平射撃を果敢に繰り返して装甲車両を空へ吹き上げていた。重量を物ともせずに揚陸して陣地に据え付けた砲に思う存分の働きをさせようと、砲側の兵士達は闘志を燃え上がらせてアメリカの圧倒的な物量に挑んだ。

沖合から確認できる発火点へアメリカ艦船は巨弾を懸命に送り込む。堅固に構築された砲兵陣地も各火点も次第に潰されてはいったが、がっぷりと両者が組んだ形の浜辺では近距離を高密度で射弾が飛び交い、炎暑の海浜は瞬く間に血なまぐさい修羅場と化していった。

僅かに頭も上げられない状況で海兵の通信手は必死に沖合艦船へ水と増援を求め続けたが、たちまち肩の無線機に数発の小銃弾が当たって鋭い音を立てると彼は顔を砂に埋めて動かなくなった。

大きく掘ってあった対戦車壕の前に千名ほどの敵が蝟集しているのを確認した氏家大尉は有線電話を使おうとしたが砲爆撃で断線されて通じない。伝令を出そうにも降り注ぐ銃弾に思うに任せない。一頭放った軍用犬も途中で倒れたらしく友軍の砲撃はない。もう一頭残っていた軍用犬を最後の手段として祈るような気持ちで送り出し、シェパードが懸命に駆けていく後姿を見送った。高地帯の天山の砲兵陣地へ着いてくれさえすれば集中射をお見舞いしてやることができる。

時折の強い風が吹き払う煙弾の煙をかいくぐるようにして射撃戦を続けているうちに、シュルシュルと飛来音がして百雷一時に轟くような弾着音が臓物を揺さぶるように耳をつんざいた。思わず射撃の手を止めた氏家大尉以下の兵士達が急に静かになった対戦車壕へ目を凝らすと、ちぎれた敵の四肢がそこかしこに飛び散り、水陸両用車は全部破壊されて凄惨な様子で敵はほぼ全滅していた。

他陣地は！　大尉は思った。飛行場を護らなければならない。陣地の間隙に浸透されたら飛行場の一角に取り付かれてしまう。そう思いつつ群がる敵兵めがけて射撃を集中していると、沖合艦船は正確な射弾を高地帯の天山砲兵陣地へ送り込んできた。

揚陸された敵戦車に対して青山少尉指揮の速射砲も激しい射撃を浴びせかけていた。落ちてくる煙弾によって視界を時折奪われながらも、見え隠れする戦車のキャタピラを狙って砲撃を集中する。キャタピラが切れて動けなくなった戦車のハッチが開くと、随伴してきた海兵達が脱出する戦車兵を援護しようと自動小銃を乱射する。そこへ八方から手榴弾が投げられて戦車周辺の海兵達をなぎ倒した。

敵味方の兵士達が流す血潮でオレンジ色に染まったビーチは彼我近接した激戦場となり、沖合艦船や航空機からの砲爆撃のシャワーは海岸線の奥地に射程延伸されていた。

腕が、首が、足が、波打際に打ち上げられてくる。鮮やかなオレンジ色は無慈悲にビーチを染め上げていき、砂浜に張り付いて顔も上げられないでいる海兵達に、近距離からの正確無比な銃砲弾が次々と命中した。

血なまぐさい風がビーチを渦巻きながら流れ始めている。途切れることのない銃撃や砲撃の音に、敵味方の叫び声や悲鳴が入り交じって南の楽園は瞬く間に地獄絵図と化していった。

日本軍の各砲は砲身が真っ赤に焼けるまで撃ちまくった。海水を砲身にかけて冷やし、あるいは濡らした軍服を巻き付けたりしながら必死の砲撃を続ける。地点評定を事前にじゅうぶんに実施した成果で命中率は高く、吹き上げられ四散する敵兵や車両が続出して海兵は甚大な損害を被った。

それでも雨注する銃砲弾を物ともせずに大量の鉄板の揚陸が始まった。戦車や装軌車の走る道を造るべく大量に持ち込まれる戦場の道。内陸への進撃に障害となる断崖も艦砲で撃ち崩されて見る間に平地となっていく。すさまじい物量と機械力の差を見せつける敵に対して、守備隊将兵は海岸陣地付近での必死の肉薄攻撃を繰り返した。

棒地雷を抱いた兵士が水陸両用車のキャタピラの下に身を投げ出して粉微塵に吹き飛んだ。動けなくなった車両から海兵が飛び出して自動小銃を乱射する。やおらタコ壺から飛び出した兵士が銃剣で海兵を刺し、引き抜くと力任せに横に小銃を払って隣の海兵の首筋を斬った。

後ろから海兵の太い首に片腕を巻き付けた兵士が脇腹に銃剣を柄まで突き通して共に倒

れると、次の瞬間に戦車からの機銃掃射を受けて動かなくなった。

無名小島の砲兵は間断ない砲撃を続けていた。艦砲の至近弾は受けたが、西海岸へ送り込む砲弾は小気味よいほどによく命中し、揚陸された資財と海兵を叩き続けた。

青山少尉の速射砲は砲身が焼けてきた。砲側の兵士達も多くが倒され砲の操作を続ける要員が不足し始めていたが、大場伍長を始め生き残りの兵士達は懸命に砲身を冷却しながら撃ち続けた。

日本軍のタコ壺とタコ壺の間隙に続々と浸透してくる海兵は、戦車と水陸両用車を先頭に自動小銃を乱射しながら喊声をあげて突進してくる。

シャワーのように浴びせられる銃弾の威力はもの凄かったが、地区隊兵士達はボルトアクションの単発式小銃でよく応戦しながら白兵戦の機会を狙った。

砂塵を巻き上げながら駆けてきた海兵がタコ壺にもんどりうって落ちると見る間にスコップで首筋を切り裂かれた。奪い取った自動小銃で後続の海兵を撃ちまくると左右のタコ壺からは手榴弾が飛んだ。血を吹き上げる海兵から弾薬と手榴弾をはぎ取ると、若い兵士は撃ち尽くした自分の小銃を捨てて海兵の自動小銃を手にタコ壺から飛び出した。

艦砲が撃ち込んでくる煙弾で昼は夜に変えられたように薄暗く、風が煙を吹き払った瞬間に垣間見える影を瞬時に識別して撃ち、走り、伏せる。艦砲が収まると間もなく爆音が頭上に轟き、敵飛行機が爆撃にやってきてナパームや爆弾を思うままにばらまいた。

炎の帯が長く伸びていき悪魔の舌に覆われた兵士達を酸欠死させていく。炎で焼け死ぬのではなく炎が酸素を食い尽くしてしまい息ができなくなるのだ。身を隠す緑と兵士を一度に焼き払ってしまう、むごたらしいナパーム弾をアメリカはふんだんにばらまいた。対空火器は艦砲でほとんど全滅させられてしまい、この悪魔の鳥達を空から叩き落とす術は日本軍にはもうほとんど残っていなかった。

青山少尉は硝煙と人間が焼ける臭いが漂う中、誰かが振り絞るような声で「畜生畜生」と叫ぶのを聞いたように思った。砲側は死体の山となり、残弾は無くなり、先ほどから近くに落とされる爆弾の破片で多くの部下達が傷つき倒れてしまった。連続する轟音で聞こえにくくなった耳に微かに響く、接近してくる戦車のキャタピラ音で我に返った少尉は、敵機を支えていた空に今まで叫んでいたのは自分だったことに気づいた。

生き残った僅かな部下を素早く掌握して拳銃を握りしめると、飛行場を守備する友軍部隊と合流して歩兵としての戦闘を続行しようと少尉は決心した。無線機は破壊され大隊長と交信する方法はなく伝令を出すこともこの状況ではもちろん不可能、砲が使えなくなった今、有力な部隊と共に少しでも長く敵に出血を強要し続けることが重要だと少尉は判断したのだった。

「戦車をやり過ごして夜を待て」

「動くな。夜を待て。飛行場の部隊と合流する」少尉は低く鋭く繰り返した。

＊

あれは湖面が深い緑色で泡立っている滝の音だろうか？　ここはどこだ？　三十三間堂はいつ燃えてしまったんだろう？　透き通るような亜希子の歌声が微かに耳元で響いているような気がする。彼女へ話してあげるつもりだったケルトの物語は終わったのだろうか？　英雄クーフーリンを戦士として鍛え上げたのは女戦士スカターだ。そして、ドルイド僧カドバドを伴って死が待つ最後の戦いへと向かう途中で、クーフーリンは血染めの衣を流れで洗いながら彼自身の死を予告する妖精の乙女を見たのだった。戦士らしく立ったまま死のうと最後には石に自らを縛り付けた彼。戦いの女神モリガンがカラスに身を変えて英雄の肩に留まった時に、迫る敵にとどめをさされて英雄は死んだ。

　できない。亜希子にはそんな結末を話せない。それじゃまるで永遠の別離を告げるみたいじゃないか……結末は二人でアイルランドへ渡った後で暖炉の側に腰掛けて話してあげるんだ。それはきっとあまやかで、いとおしさに溢れた長い冬になるに違いない。

　甘酸っぱい硝煙の匂いと血の匂いが入り交じって鼻をつく。俺はいったいどこにいるんだ？　耳鳴りも僅かにするし、ともかくひどく暑い。どこなんだ？　ここは。

　敵味方の戦死者に挟まるようにうつ伏せになって眠っていた少尉は闇の中で次第に目を覚ました。しばらくは甘美な夢の余韻に意識が空気中をさまよう感じだったが、我に返るとそのままの姿勢で動かずに周囲の気配を感じ取ろうと神経を研ぎ澄ませた。

ここはあの滝じゃない。亜希子もいない。俺がいるのはむごたらしい戦場だ。亜希子は遠くにいる。そして少しでも亜希子を敵から遠ざけるために俺は今ここにいる。

時折、周囲が真昼のように明るくなるのは敵が打ち上げる照明弾だ。艦砲の轟きは聞こえず敵機の爆音も聞こえない。キャタピラ音もしてこないし人の気配もしない。

飛行場に向かわなければ。そう少尉は思った。海軍陸戦隊と合流して飛行場を護ろう。

僅かずつ身を起こして周囲に点在する数名の部下を探すと「飛行場へ」と短く告げながら拳銃をケースに収めて米兵の死体から取った弾薬とトミーガンと手榴弾を身につけ、見当をつけた飛行場の方角へ少しずつ進み始めた。

擲弾筒を抱えたり、火炎瓶を携行した数名の生き残りの兵士達が続いた。

照明弾が闇を照らし出すと皆は一斉に伏せた。闇と光の間隙を縫うように僅かずつ前進する。飛行場の北部建物付近へ近接するとそこは既に敵手に落ちていて、西海岸方向から銃声が激しく響いているのがわかった。敵が設置した発電機の低い音が唸り、海兵達はたいした警戒もせずに待機中のように見えた。おそらくは西海岸の氏家大尉へ攻勢をかけている主力の援護部隊に違いない。

方々の壕には友軍の死体が散らばっている。照明弾の光を頼りにそっと周囲に視線を凝らすと、中にはキャタピラに踏みにじられて無惨に潰されてしまった兵士の姿も見えた。

エンジンを停止した水陸両用車の陰で待機中の海兵の群れからは何かハミングする声も

聞こえてくる。自動小銃をてんでに車両に立てかけて鉄帽を取っている者がいるなど、それは気の緩みがあちこちに感じられる姿だった。

「ふん！　アメ公め、もう勝ったと思ってるな」一人の兵士が小さく舌打ちしながら呟いた。

「よし！　ひとつ教育してやるとするか」合流すべき友軍の姿を発見できないまま、少尉は目前の待機部隊を攻撃するに決した。

少尉は起きあがると自動小銃を横になぎ払うように射撃しながら無言で走った。擲弾筒が油断しきっている海兵達の真ん中で炸裂し、投げられた銃剣が敵兵に突き刺さる。水陸両用車のハッチからは手榴弾が放り込まれた。

不意をつかれて四方に逃げまどう海兵の影へ射弾が吸い込まれていく。建物と煙をあげながら動けなくなった水陸両用車に挟まれた窪みから少尉は射撃を続けた。撃ち尽くした弾倉を交換しながら周囲を見回すと体勢を立て直した敵が包囲網を狭めようとにじり寄ってくる様子が見えた。

火炎瓶が飛ぶと火達磨になった海兵が転げ回り、周囲から射撃が投擲方向へ集中した。タコツボにつまずいた海兵が悲鳴をあげたのは、待ち伏せた兵士の銃剣に刺し貫かれたからに違いない。同じタコツボに後続の海兵が喊声をあげながら数名なだれこむのが見えると鈍い音が数回響いてから壕は静かになった。

南海岸の方向から一丁の軽機関銃の射撃が始まった。この新たな射撃に、じわじわと包囲してきた海兵は一斉に伏せて撃ち返し始めた。海軍部隊の生き残りかもしれないと少尉は思い、その銃声に僅かに勇気づけられる思いがした。

海兵からの何本もの火線が曳光弾の帯となって軽機の発射位置へと吸い込まれていく。自走無反動砲が前進してきて発射位置に着くと射撃を始めたが、照準がやや遠く着弾は軽機の位置を超越してしまった。少尉と生き残りの兵士達はありったけの手榴弾を投擲して友軍の軽機を援護しようとした。

手榴弾戦が始まってまもなく、照明弾が明滅する夜空に爆音が轟いて一機の飛行機の影が迫ってきた。

またナパームで炎の帯を撒き散らす気か！　機銃掃射や爆撃なのか！　刃向かう手段が自分達には何もない。少尉達がそう思いながら歯を食いしばった刹那、舞い降りてきたフロート付の飛行機は海兵を機銃掃射でなぎ倒し始め、自走無反動砲にも激しい射撃を浴びせかけた。友軍の一式水上偵察機が夜間攻撃をかけてくれたのだ。沖合の艦船を襲撃した帰路に、飛行場を攻略した敵に一泡吹かせようとしているのだった。

心強い爆音が轟き、一式水偵は繰り返し繰り返し地に伏せた海兵達の頭上から機銃掃射を浴びせかけた。夜を昼に変えようと間断なく打ち上げられる照明弾の光に、翼の日の丸が鮮やかに浮かび上がっている。見上げた大場伍長は吹き出すように流れる涙で何も見えなくなった。友軍だ、友軍が来てくれた。

「少尉殿！　西方向より新たな車両が接近中」

思わず夜空を仰いで全身を突き抜けるような喜びを感じていた少尉に誰かが叫ぶように言った。敵が呼び寄せた増援か、西海岸の陣地への攻撃を終えて帰還してきた部隊か？　いずれにせよ、今はもう火炎瓶もなければ棒地雷もない。西の海岸陣地へは戻れず、南へ下がれば断崖絶壁が待つ海だ。

ここは中部高地帯まで潜行突破して洞窟陣地へ合流するのみ。少尉は、敵が友軍機への応戦に気を取られて混乱している隙に乗じて高地帯へ向かおうと決心し、飛行場を大きく迂回すべく敵から離脱した。

＊

自動砲を指揮する李卓玄少尉は、急速に南海岸へ向けて浸透してくる敵を支えようと阿修羅のように戦っていた。飛行場をほぼ制圧した敵は、西海岸へ残る陣地群の掃討と並行して南海岸を占領確保すべく、戦車を先頭に押し立てて怒濤のように進撃してきた。

あらかじめ準備してあった航空爆弾を利用した地雷を爆発させ、何両かを動けなくしたりしたが、火炎瓶の投擲が届かなかったり、猛烈な車載機銃の掃射に圧倒されたりして、李少尉の部隊や協働部隊の損害は急速に増えていった。

砲弾が残り少なかった。あと数発となった時、接近してきた敵戦車の主砲と車載機銃の集中射を浴びて少尉の指揮下にあった最後の自動砲は粉微塵に砕け散り、負傷してもがく兵士達をキャタピラで踏みにじって戦車は突進してきた。

後続の海兵達は喚きながら自動小銃を乱射し、僅かでも動きのある個人壕には手榴弾を投げ込みながら前進してくる。少尉は手元の擲弾筒を操作して残弾を総て発射して数名の敵兵を倒し、破壊されずに残っていた一基の迫撃砲から数発の砲弾を連続して敵の群れに撃ち込んだ。戦車が一時停止し、随伴する海兵達に動揺が走った間隙を突いて、少尉は後方の壕へと退避するために走った。

あがった息を静め、周囲を見回してみると、もはや掌握できる部下は一人もいなかった。轟音を轟かせて上空を通り過ぎる飛行機を見上げると、翼に白く描かれたソロモンの星が目に入った。

あちこちに大きく空いた艦砲射撃の穴を避けながら接近してくる戦車と、随伴してくる海兵の群れを見つめながら、李少尉はいつも胸ポケットに入れている北之口大佐に贈られた万年筆をしっかりと押さえてみた。

父とも慕った大佐の慈愛に満ちた温顔が鮮やかに浮かんだ。自らも重傷を負いながら、懸命に少尉を救おうと力を尽くしてついに絶命した日本人の部下の笑顔もまた懐かしく甦った。

日朝の大義に殉ずる時は今だ。祖国朝鮮は必ず独立を果たし日本と永久の盟友となる。大佐と同じように俺は日朝の架け橋となろう。いつの日か必ず、この大戦争の最後には日本が勝ち、アジアはすべて植民地ではなくなり独立する。

雄々しく振る舞おう。今の俺は大日本帝国陸軍の将校だ。そして、先駆捨身、新羅の三国統一を早めた誇りある花郎精神を受け継ぐ朝鮮民族なんだ。恥ずかしい振る舞いはできない。

少尉の壕の数十メートル手前で突然に敵の動きが止まった。

「降伏しなさい」抑揚が少し変な日本語がスピーカーから鳴り響いた。

「両手を上げて出てきなさい。捕虜になれば命は保証します」

「今日もあなたの仲間がたくさん降伏しました。みんな無事です。何も心配いりません。こちらへ来れば食料も水もたくさんあります。」

たどたどしさが残るその声は、一斉に銃声が止んだ静寂をまといながら、まるで生への希求を両腕に抱いて優しく少尉に差し出すように風に乗って流れてきた。

心配はいらない。心配はいらない。無事です。たくさん降伏しましたか……命は保証する？誰の？　この俺の命をか？　保証されたその先は何が待っているのか？

「もうじゅうぶんにあなた方は戦いました。義務は果たしたのです。さあ早く両手を上げてこちらへ出て来なさい。ここで死ぬよりも、生きてまた国に尽くせばいいではありませんか」

昨日来、多くの部下達が雄々しく戦って倒れてきた。砲弾を撃ち尽くすと棒地雷を抱いて戦車のキャタピラに身を投げ出していった者。立ち撃ちで海兵を倒すと見る間に自動小銃の連射で蜂の巣のようになって戦死した者。銃剣を振るって敵を串刺しにした直後に車載機銃に撃ち倒された者。

上陸以来、炎暑に耐えながら共に苦労してきたかわいい部下達の一人一人の笑顔が喩に浮かんでくるような気がした。もう一度、冷たい水を腹いっぱい飲ませてやりたかった。腹は減っていなかったろうか？　みんなよくやったぞ。貴様達を指揮できて俺は幸せだった。本当にありがとう。

一人一人の部下を抱きしめてやりたい衝動に少尉は駆られた。誇らしさと愛情が胸の奥底から突き上げるように沸き上がってきて、熱い涙が頬を濡らして流れた。

拳で涙を拭ってから、おもむろに壕の上に身を乗り出すと少尉は敵兵に向かって大きくゆっくりと左手を振った。

「その場に武器を置いて両手を上げたまま、こちらへゆっくり歩いてきなさい。」スピーカーが繰り返し言った。

壕の前に仁王立ちになった少尉は、屈み込んで十四年式拳銃を地面に置いた。瞳は、自らに銃口を向けて凝視している敵兵達から瞬時も逸らさないままで。

「ジャストモーメントプリーズ！」

李卓玄少尉はそう敵に叫ぶと煙草に火を付け、落ち着いた様子で深く吸い込んだ。煙が緩やかに立ちのぼり、少尉は間近に迫った敵兵達を見つめた。

さあいよいよだ。北之口大佐殿、自分は国軍の将校として最後まで任務に邁進致しました。これからお会いします。

煙草を吸い終えると少尉は敵に頬笑んだ後、空を仰ぐと大きく息を吸い込んで振り絞るように叫んだ。「大韓帝国万歳！」そして、ゆっくりと取り出した九四式拳銃を落ち着いてくわえると発射し前のめりに倒れた。

それは、南海岸地区隊の総ての抵抗が潰えた瞬間だった。海兵達は言葉もなく立ち尽くしていた。装甲車両の低いエンジン音の響きと打ち寄せる潮騒の音だけが死者と生者の間を流れ、まるで憎悪が荒れ狂う殺戮の修羅場に、束の間の安息と悲嘆が羽を休めに舞い降りてきたようだった。

第六章　たぎる血潮

　二十両足らずの軽戦車が、上陸した敵に占領された海岸陣地へ向かって出撃すべく天山麓へ集結を終えた。地区隊唯一の機械化部隊で、空襲と艦砲から必死の思いで温存して局地逆襲に備えていた部隊だった。

　少年戦車兵達を多く含む戦車隊の士気は極めて高く、飛行場を南下して一気に海岸陣地の敵を覆滅しようとエンジン音を轟かせていた。

　敵のＭ４戦車との決戦に兵士達は若い血をたぎらせている。だが、彼らは知らなかった。ヨーロッパや北アフリカの戦場で優秀なドイツ軍の機甲部隊との戦いに苦杯を舐めさせられてきたアメリカ軍が、国の技術力を必死に結集させて優れた防御力と攻撃力そして機動性を兼ね備えた戦車を迅速に造り上げてきたことを。

　それにひきかえ日本軍は大規模な戦車戦を行った経験が皆無で、過去にノモンハンでソ連の機甲部隊に手こずった戦訓も全く生かされていなかった。

　極端に薄い装甲と貫徹力に乏しい備砲、低い馬力では到底アメリカ軍戦車を屠ることなどできなかったが、旺盛な戦意を溢れさせ救国の情熱を燃やす戦車隊は、中川地区隊長の期待を込めた見送りを受けて、斬り込み隊の歩兵をロープを張った砲塔周りに随伴搭乗させて勇躍出撃していった。

戦車隊が飛行場を横切り海岸陣地へ向かおうとした時、自走無反動砲や肩撃ち式対戦車ロケットであるバズーカ砲、そしてＭ４戦車で濃密に構成された火網が一斉に火を吹いた。たちまち数両の軽戦車の砲塔が、周囲に張られたロープにつかまって搭乗していた随伴歩兵諸共に宙高く吹き上げられた。車体を易々と射抜いた敵の砲弾は勢い余って向こう側のヤシの木を倒した。停止して応戦する軽戦車の砲弾は正確にＭ４戦車の車体を捉えたが、まるでタドンのように跳ね返されて効果がなく僅かな損害も与えることができなかった。

軽戦車から飛び降りた斬り込み隊の歩兵達を弾けるような銃声を響かせる海兵達の自動小銃がバタバタと倒していく。キャタピラをバズーカに切られた軽戦車が走行不能になると、ハッチを開けて飛び降りた少年戦車兵は拳銃を振るって敵陣へと駆け出したが、瞬く間にＭ４戦車の車載機銃に倒されて動かなくなった。

軽戦車がすべて撃破されて動きが止まるとＭ４戦車を先頭に敵は進み始めた。戦死者を装って伏せていた兵士達は戦車をやり過ごすと随伴歩兵を狙撃し、銃剣を振るって刺突し、手榴弾を投げた。あちこちで海兵と兵士達の白兵戦が始まった。

敵の懐に手榴弾を押し込むと共に倒れ込み爆砕して果てる者がいた。素早く奪った自動小銃で腰だめに射撃して海兵をなぎ倒す者もいた。Ｍ４戦車に走り寄ると飛び乗り、ハッチを開けて手榴弾を投げ込むと戦車兵達が悲鳴をあげて飛び出してきた。投げ込んだ手榴弾の不発に気づいた兵士はそのまま車内に乗り込み、砲塔を回すと他のM４戦車を射撃し始めた。周囲に随伴している海兵へ突進しキャタピラで踏みにじる。逃げまどう海兵に軍刀で顔面に斬りつけ、返す刀で背中まで突き通す将校がいた。敵味方入り乱れての混戦に敵は戦車砲も車載機銃も近すぎて使用できなくなり、小火器と手榴弾と格闘によるすさまじい白兵戦が展開された。

自動小銃を逆さまに持って打ちかかってきた海兵を防ぎきれずに兵士が倒された。馬乗りになった海兵の背中に近くの兵士が投げた銃剣付小銃が深々と突き刺さり海兵の大きな体がグラリと揺れて倒れた。

鉄帽を取ると横殴りに払う海兵がいて、兵士は昏倒し拳銃でとどめをさされた。倒れて揉み合ううちに耳を食いちぎられて悲鳴をあげてのたうち回る海兵に追いすがるようにして、兵士は血を撒き散らしながら耳を押さえている海兵の腹にまたがり拳銃を額に撃ち込んだ。

動けなくなったM４戦車を盾にしながら数名で銃列を布き一斉射撃で海兵を倒すと、背後に回った海兵から自動小銃の掃射を浴びて兵士達は倒れた。

海兵も喊声を上げながら分隊規模で勇敢に突撃してくる。身を伏せて射撃していた斬り込み隊の兵士達も着剣した小銃を構えると立ち上がって迎え撃った。

そこここで銃剣がきらめき、すさまじい気合いと共に軍刀が振り下ろされる。海兵は力任せに自動小銃を振り回して銃剣をかわしながらコンバットブーツで蹴り倒し、倒れた日本兵の顔面に銃床の一撃を入れた。

返り血を浴びた将校が軍刀でさらに二人目の敵へ斬りかかろうとするところを至近距離から拳銃で倒された。

日本兵が逆手に持った銃剣で後ろから海兵の広い背中を思い切り刺し通す。倒すと見る間に自動小銃を奪い、最初に目に入った敵に撃ち込んだ。

戦車を失った少年戦車兵達も奮戦していた。大柄な海兵達を相手の接近戦で一歩も退かず、ひるむことなく勇敢に立ち向かい、弾けるように地面に伏せて拳銃で敵を狙い撃つ。弾を撃ち尽くすと手榴弾を投げ、倒れた兵士の小銃を取ってさらに射撃し、銃剣をふるって海兵に果敢に体当たりして散っていった。

兵士が乗り込んで奪ったM４戦車が自走無反動砲に体当たりして横転させると、すぐに方向を変えて他の戦車群に向かおうとした。敵はこの戦車を三両で挟み込んで動けなくすると至近距離から備砲を発射して仕留めた。

数と装備に勝る海兵は次第に白兵戦でも優位に立ち始め、阿鼻叫喚の地獄絵図の中でも斬り込み隊を圧倒していった。

アレン・ロドクリフ大尉の率いる一隊は、荒れ狂う鬼神のような日本軍兵士達にひけを取らない勇猛果敢さを発揮しながら、燃える戦車と呻く重傷者、そして今は物言わぬ死者達の屍を乗り越えて戦っていた。

大尉は昨日の上陸前に部下達が陽気に言い交わしていた「メイビースリーデイズ」を苦々しく思い出していた。上陸した西海岸は海兵達の流した血でオレンジ色に染められた。コバルトブルーの海が見る見るうちに赤く染まり始め、硝煙と、立木と人間が焼け焦げる匂いと潮の香りが入り交じりながら暑い風に乗ってビーチを惨烈に覆い尽くしてしまった。

ちぎれた腕や足、胴体や首が波打ち際に打ち寄せられてくる。日本軍砲兵の正確無比な砲撃は大勢の海兵達を吹き飛ばして、飛び散る臓物や海浜の砂を染めて流れる血は南海の楽園を見る見るうちに無惨な修羅場と変えていった。

水の補給が追いつかなかった。沖合に待機する艦船群に各上陸部隊は矢継ぎ早の支援要請を送るのだが、上陸当初の混乱では円滑な物資追送などは到底望めず、海岸陣地からの猛烈で正確な火力集中と焼けつくような炎熱に喘ぎながらビーチに体を貼り付けたまま一歩も動けなくなった。

島が無くなってしまうのではと心配したほどの無尽蔵な海と空からの砲爆撃はいったいどんな効果を上げたというのか？　わがアメリカの砲弾や爆弾は日本軍には効かないのか？　何が三日もあれば終わるだ！

夜に入るとアメリカ軍はひっきりなしに照明弾を打ち上げながら西海岸一帯を明るく照らして夜襲に備えた。中部高地帯の日本軍砲兵に対する艦砲射撃も間断なく行われた。

確保した陣地に浸透してくる日本兵を重機で掃討し、揚陸した迫撃砲で吹き飛ばす。水陸両用車の陰で慌ただしく摂ったレーションは何も味がしないような気がした。

禁止されていたタバコを我慢できず、しかも両手で火を覆って隠すことを怠った数名の海兵はたちまち正確な狙撃に顔を撃ち抜かれて戦死した。

今日は二日目だ。西海岸の残存陣地はほぼ掃討を終え、つい先ほど、南海岸一帯も制圧しつつあるとの報告が入った。しかし、中央高地帯の敵陣地群は健在だし、いったいどれほどの洞窟陣地や地下坑道陣地が連絡通路で結ばれているのか見当もつかない。

大尉の指揮下にあるベテランのブルース・テイラー軍曹は冷静沈着に兵士達を指揮しながら日本軍兵士達を倒していった。近距離の手榴弾戦にもひるむことなく、吶喊してくる一隊にはよく火力を集中してなぎ倒し、決して慌てることがなかった。

コルトガバメント拳銃を握りしめ、時には仁王立ちのままで一歩も退かずに兵士達を叱咤激励しながら、敵兵と戦い続けた。

Ｍ４戦車は周囲の折り重なる死体にも車載機銃による掃射を繰り返しながら前進した。後方に随伴する海兵達もまた、もう動かなくなった敵兵に自動小銃を再度撃ち込みながら飛行場を進んでいった。いつ死体の間から敵兵が躍り上がって襲ってくるかと気が気ではなかったからだ。

飛行場の突端までほぼ掃討を終え、逆襲を排除して一帯の確保が終わったかのように思えた時、先頭を進んでいたロドクリフ大尉は手を挙げて止まれの合図をした。

個人壕の中に一人の若い兵士が倒れていた。横には軽機関銃と撃ち殻薬莢が散乱し、瞳は閉じられたままで抱き抱えた無線機のキーを微かに動く指が叩き続けている。

大きく裂けた脇腹と首筋の傷から流れ出す血は水溜まりのように広がり、顔からは血の気が失せて生気が失われつつあった。

帆足一等水兵は薄れゆく意識の中で妹に話しかけていた。「由紀ちゃん、たあにいちゃんはアメリカをたくさんやっつけたよ。でも飛行場のことを無線機で連絡しないといけないんだ。すごく眠いけど頑張るからね。おかあさんの言うことをよく聞いて、たあにいちゃんが帰るまでお利口さんで待っててね」

立ち尽くすロドクリフ大尉にもテイラー軍曹にも、そして部下の勇者達にも、目前で死にゆこうとしている若い敵兵が最後まで何をしようとしているかはじゅうぶんに見て取れた。

艦砲の音も装甲車両のエンジン音も一瞬止まったかのように思われ、天空高くから舞い降りてきたような不思議な静寂が、殺戮と憎悪が渦巻く戦場に滑り込み飛行場の一劃を満たしていた。

ロドクリフ大尉はゆっくりと周囲を見回した。味方ばかりが目に入った。そこには緩慢な動作と憮然とした表情が溢れていて、敵味方の物言わぬ死者達の間を生者の群れが彷徨いながら流れているようだった。

敵の遺棄死体検索と味方の遺体収容や負傷者の後送作業が始まっている。いつものように激戦の後での戦場掃除の時間が流れ始めたのだ。

「テイラー軍曹、整列だ」大尉は短く言った。

部下達が姿勢を正したのを確かめると、アレン・ロドクリフ大尉は、高貴な義務を最後まで果たした敵の勇者に戦士として敬意を表するために捧げ銃を行った。

まもなく帆足一等水兵の指は永遠に止まった。土気色の顔には深い安堵感が漂うようで、その神々しささえ帯びた表情からは芳しい高貴さが天空高く舞い昇っていくようだった。

ちょうど同時刻の日本、帆足の実家では常と変わらぬ時間を母と妹が過ごしていた。

「ただいま」聞き慣れた元気な声が母と妹の耳にハッキリと聞こえ、思わず立ち上がった二人は茶の間から転がるように玄関へと走り出た。

誰もいない玄関は、優しかった息子の、そして大好きな兄の気配に温かく満たされていて、二人は不思議さに思わず顔を見合わせた。

青年は妹と交わした約束どおり、今は自由な飛翔を得て愛する故郷に帰ったのだった。

＊

北村士官候補生にとっての初陣である西海岸での激戦は、無我夢中のうちに津波のように過ぎ去っていった。

撃ち、伏せ、走り、投げ、また走った。ぶつかった敵兵から奪い取った自動小銃を逆手に持つと力一杯に敵のこめかみを銃床で殴りつけ、金的を思い切り蹴り上げた。必死で投げつけた自分の小銃が敵の背中に突き刺さって抜けなくなってしまうと、北村は倒れている味方の小銃を拾い上げて懸命に撃った。乱戦で誰が誰やらわからなかったが、ともかく大きな人影で迷彩服を着ている者が視野に入ったら攻撃した。香月上等兵とは喊声を上げながら敵味方がぶつかった最初の段階ではぐれてしまい、あとはもう、混乱と阿鼻叫喚の中で狂熱がすべてを支配し始めて、焼け爛れるような憎悪と憤激が激しく渦巻いて荒れ狂った。

乱戦から逃れてとっさに飛び込んだ砲弾穴で、北村は先に入っていた敵兵と鉢合わせしてしまった。ヘルメットの下の青い瞳を見るとすぐに肘打ちを入れ、左腕を首に巻き付けて必死に締め上げると脇腹に拳銃を押し当てて夢中で射った。

首に巻かれた腕を振りほどこうと暴れていた敵の体から急に力が抜けてきて、北村は恐怖のあまりさらに強く首を締め上げた。

敵が崩れ落ちてヘルメットが転がると、輝くようなあどけなさを残した若者の顔が現れた。周囲を飛び交う銃声はすさまじく、キャタピラ音や手榴弾が爆発する音、叫び声が入り交じって砲弾穴から飛び出す機会がなかなか得られないまま、北村は生まれて初めて自分の腕の中で命を奪った人間と長い時間を過ごすことになった。

軍服に染み込んだ血の匂いが鼻をつく。北村は敵の体を押しやって横を向かせて顔が見えないようにした。学生時代に読んだ「西部戦線異状なし」の主人公パウル君のように、自分が殺した相手のことが長く胸に刻みつけられるのは嫌だった。

香月上等兵は生きているだろうか？　古参の彼のことだ。なんとかして生き残っているに違いない。彼に今日のことを話したらなんと言うだろう？　あの西海岸で最初の一発を撃ってからあとのことは、正直よく覚えていない。自分が何をどう操作し、誰の前を走り、何人の敵とわたりあい、どこをどう走ってここへたどり着いたのかもわからない。

実戦とはこういうものだったのか。敵はなんと惜しげもなく弾を使うことだろう。知識としてはある程度知ってはいたが、実際に噴水のような弾丸に射すくめられてみると、彼我の物量の差を嫌というほど肌身に感じさせられた。肩撃ち式の対戦車砲まで持っていたし、軽快な車両に積んだ無反動砲らしき物も見た。あれでは、わが戦車隊がまったく歯が立たなかったのは無理もない。

心なしか飛び交う銃声が遠のいていく気がして、エンジン音もしなくなったように感じた。北村は敵の突撃に追い越された場合は戦死者を装うことにして神経をなるべく張りつめておこうとしたが、長時間耐え抜いた緊張からか、暑さを打ち負かすような強烈な眠気と戦わねばならなかった。

幾度かたまらず瞼が閉じようとするのに必死で抗って、北村は周囲の戦闘の気配が去るのを待ち続けた。

いつしか照明弾が打ち上げられ、青白い光が戦場を照らし出し始めて、北村は夜が訪れたことを知った。

飛行場を離れ、中央高地帯の地区隊陣地群寄りへ自分が位置しているのではないかと思いながら、タコツボへ座ったままでポケットを探ったが作戦図もなく、かといって周囲の状況がまだ不明のままでは不用意に立ち上がるわけにもいかず、返り血がこびりついた軍服の上から、彼はまず急いで外傷の有無を調べた。特に痛む箇所はないし出血もないようだった。

安心して少し落ち着いてくると、気温がいくぶん下がり始めたのがわかった。照明弾の合間に南の星々が輝き始めているのが見える。銃声がまったく途絶え、敵は、大嫌いな「夜の日本軍」に備えて陣地に入り、防御を固め始めた様子だった。

南十字星を探そう……北村は思った。あの強い輝きを見たい、早く見たい。地に足がつかなかった初陣を無事に終えた今、北村は無性に人恋しくなっていた。原所属部隊にはいつ復帰できるのだろう？　あの激戦で全滅したのかもしれないけれど、上官だろうが部下だろうが、ともかく友軍の姿を見たいと思った。

無心に南十字星を探していると、敵の上陸前に全島民をパラオ本島へ避難させた際の情景が眼前にありありとよみがえってきた。

毎日の陣地構築に疲れ切った体をキビキビと動かして、老人や女子供を優しくいたわりながら舟艇へ乗り込ませていたわが軍の兵士達。北村はその指揮に当たりながら、心の底から国軍の一員であることを誇らしく思った。陣地構築に共に汗を流した島の男達と、にこやかに最後の言葉を交わしていた精強な部下の下士官達の爽やかな横顔も浮かんだ。

混血の娘アロウの澄み切った瞳もまた鮮やかに浮かんだ。

美しい波打つような長い髪を、ビーチを吹き抜ける夜風になびかせながら、彼女が大きな瞳から流した涙を思い出しながら、北村はアロウがくれたお守りの白い貝の首飾りをそっと指で押さえてみた。

アロウ、日本はね、アロウ達を守り抜くためにも戦っているんだよ。広大な支那大陸からアジアにかけて、白人達を追い払って有色人種を植民地の奴隷から解き放つ戦いを、日本はたいへんな決心をして引き起こしたんだ。アジアで唯一国、俺の祖国だけが白人達に牙を剥くことができたから、みんなのために立ち上がらなければならなかったんだよ。

アロウ、君が大人になったら日本のことをみんなに伝えてくれ。

海に空に陸に、日本が渾身の勇気と陛下への忠誠を振り絞って戦ったことを。祖国が高く掲げた理想に捧げられた、多くのかけがえのない人生で書き記された民族の物語を。

君を見ていると故郷の妹を思い出したよ。本当はもう少しゆっくりと話してみたかった。強くて優しかった日本軍の物語は、この島に語り継がれていくんだろうか？　いずれアロウがおかあさんになった時には、勇敢に最後までアメリカ軍と戦い抜いた日本軍兵士達の物語を子供達に聞かせてね。

南十字星の輝きが増し始めたのを北村の瞳が捉えた。主力はどこだろう？　中央高地の陣地帯へ急がなければならない。砲弾穴から思い切って僅かに顔を覗かせて周囲をうかがうと、点在する戦死者の群れが目に入った他は何の気配もしなかった。

敵味方の会話も、武器がふれあう音も、秘かな息づかいもない。吹き渡ってくる南の風は、もう何ひとつ物音を運んではこなかった。

おおよその方角の見当を付けて砲弾穴から出ようとする時に、目前にうずくまる若者の前に彼のライフルを突き刺し、拾い上げたヘルメットを銃床に被せて北村は目礼した。

「また会おう、今度は戦場以外で」そう呟くと、北村は砲弾穴から這いだした。

＊

照明弾の青白い光を避けながら飛行場を抜けて中央高地帯へ向かう途中、友軍に刺殺されないように細心の注意を払いながら北村は慎重に歩を進めた。背には、ろ獲した照準鏡付M1ガーランドスナイパーを野太刀のように斜めに負い、懐には手榴弾数発とズボンのポケットに敵の実包を五十発ほど。戦闘帽に首筋を護る和手拭いを垂らして、右手に小銃を抱えたいでたちで。

早く友軍の歩哨線にたどり着きたい、戦闘陣地の前縁に達して友軍と合流したい一心だったが、気ばかり焦る移動の途中で、真ん中を撃ち抜かれた敵のヘルメットが多数転がっているのに出くわした。敵の遺棄死体は回収されたらしくほとんどなかったが、友軍の狙撃がこの一帯に集中したことを考えると、洞窟陣地が付近にあることは明らかだった。神経を研ぎ澄まして全周に注意しながら、北村は照明弾の光が辺りを照らし出すのを待った。青白い光に浮かび上がる火炎に焼け焦げた一条の線が、散乱するヘルメットから上方にまっすぐに延びているのが見えた。この延長戦上に洞窟陣地の入口があるはず。

誰かいないか？　北村は横から入口に取りつき、官姓名を低く名乗ると反応をうかがった。幾度か繰り返したが応答はない。思い切って飛び込み、ほどなく主道からそれた薄暗い横穴を見つけると体を横たえた。焼き米と水筒の水を少し、それと敵の残した雑嚢から取ったレーションを口にすると、北村は急に気が緩んでしまってすぐに初陣以来の眠りに落ちた。

とほうもなく長い長い時が流れたような、ほんの一瞬のまどろみだったような、どちらともつかない不可思議な気持ちを抱きながら身を起こしてみると、洞窟内はうっすらと明るくなって夜はいつしか追い払われたようだった。外気よりいくぶん低い気温に汗も引き、水筒に手をやって一口含んでから北村は横穴から這いだして洞窟内に目を凝らしてみた。

ところどころで、黒い盛り上がった物が通路をふさぐように積み重なっている。急に鼻をつき始めた何とも言えない焦げた匂いと共に、すさまじい光景が目に飛び込んできた。

すべて焼け焦げた死体の山だった。半ば骨になっている体もあり、顔だけが焼け残って無念の表情のままで大きく目を見開いた者もいる。虚空をつかむように大きく両手を突き出したままの姿勢で動かなくなっている兵士もいた。消し炭のようになってしまった兵士の群れ。おそらくはガソリンを流し込んだうえ、火炎放射器戦車で火を点けたのだろう。増加タンクが伸ばしてくるあの炎の帯の仕業かもしれない。各洞窟の入口へ向かって残る黒く焦げた線は、この灼熱の殺戮のせいだったのだ。

昨夜自分が声をかけたのは、この死者の群れに対してだったのか。動転した気持ちを必死で静めると北村は奥へ進んで他陣地との連絡通路を探そうと思った。

よくもやったな！　みんなのために少しでも仇を取ってやるからな。吹き上げるような敵愾心が胸を熱く煽り立てた時、入口から吹き込む風に乗って話し声が聞こえたような気がした。銃を握り直すと北村は入口へと移動して外をうかがった。

分隊規模の敵の一隊が接近中で、まるで掃討戦のような気楽さを漂わせながら、突っ立たままの高い姿勢で広く散開もせずに狭い間隔を保って野放図に進んでくるのが見えた。おそらく、この一帯の洞窟陣地は昨日までに潰したと思いこんでいるのだろう。敵を高地帯へ追い上げた後の残敵狩りのつもりだなと北村は思った。

背中の狙撃銃をはずして構えると、照準目盛りの真ん中に先頭の兵士のヘルメットを捉えた。ゆっくりと指先を絞り込むと、突然に鮮やかなバーミリオンとコバルトブルーの南の色彩がいっぱい網膜に広がり、北村は驚いて照準鏡から目を離した。

蝶だった。

銃口近くにいつのまにか留まった鮮やかな蝶は、すぐに北村の右肩に飛び移るとジッと動かなくなり羽を休めた。

気を取り直してまた照準鏡を右目に当てる。ヘルメットに手をやって少し被りなおした敵兵の眉を捉えた瞬間に、耳元で「ガク引きにならないようにしてくださいよ」という香月上等兵の力強く優しい声が聞こえたような気がした。

やっぱり来てくれたんだね。ありがとう。北村は胸にそう呟くと落ち着いて引き金を落とした。初めて射撃教育を受けた時のように、水鳥が着水するような静かさを保って、敵の狙撃銃を発射した。

照準鏡の中で敵はゆっくりとくずおれて前のめりに倒れた。いっせいに叫び声が上がり、伏せた敵達からのめくらめっぽうの射撃が始まった。

後ずさりした北村は、累々と横たわる無惨な友軍に別れを告げて連絡通路を求めて奥へと走り込んだ。暗い岩肌を見つめながら懸命に進む。入口付近で手榴弾らしき爆発音と喊声が数回したが気にも留めず、やっと見つけた通路をひたすらに進んだ。

次第に死臭が薄れ、敵の気配も遠ざかっていく。奴らは絶対に深追いをしてこない。せいぜい入口をドーザーか戦車を使って土砂で埋めるぐらいだ。

蝶はいつのまにかいなくなっていた。歩みを早めながら、北村は香月の声を思い出していた。本当にありがとう、また会いたいよ香月上等兵。聞いてもらいたいこと、聞きたいこと、たくさんあるんだ。さっきはありがとう。あの時、敵は迫ってくるのに、僕はどこか物悲しい気持ちにとらわれようとしてた。あんなに敵愾心に燃えていたのに、今、僕が撃とうとしているあいつは、戦友を黒焦げにしたやつじゃないんだなんて馬鹿な考えにつかまろうとしていたんだよ。

迷ったり、ためらったりしている場合じゃないのに。これは僕の弱さだろうか？　しっかりしないといけないね。敵もまた、たぶんなんのためらいもなく任務に邁進してるんだから。

揺るぎない自信に満ちた平素の香月の表情を北村は思い浮かべて自分に活を入れようとした。自分は将校になるんだから、どんなすさまじい状況下に置かれても、動揺したりグラついたら駄目だ。もっと成長しないと香月上等兵のような素晴らしい部下達を引っ張ってはいけないぞ。

北村は前方から洩れ聞こえてくる微かな日本語に耳を澄ませた。むごたらしい激戦をかいくぐって、彼は主陣地帯の一角に合流することに成功したのだった。

第七章　糸満の勇者たち

ペリリュー周辺の艦艇群へ挺身機雷攻撃を実施せよとの命令が下り、沖陽一兵長を長とする、糸満出身者ばかりの二十名の特別攻撃隊が編成された。

中央高地帯の陣地から夜間密かに出撃し、北部ガドブス島の洞窟に隠されている機雷を目指そうとしたが、西海岸の道は総て敵陣地に固められて突破は困難で、海岸陣地に接近する際の銃撃戦ですぐに三名が戦死し、夜間行動のために友軍から刺殺される危険性もあり、沖兵長は熟考の末に隊員が海岸近くで分散して海に入り各個に現地洞窟での集合を目指すに決した。

十七名の隊員は、それぞれが密かに海に入るとリーフを迂回するように北を目指した。潮騒の音と香りは故郷の糸満と何も変わらない気がしたが、時折夜空に打ち上げられる照明弾の青白い光と、通過してゆく艦艇のエンジン音が、これから大事に臨む若者達の胸に締め付けるような緊張を呼び起こすのだった。

潜っては浮き、浮いてはまた潜る。探照灯の光の帯に捉えられないように細心の注意を払いながら、彼らは少しずつ北へと泳いでいった。

攻撃隊の中に比嘉和平伍長もいた。パラオ方面に配属された際、同じ部隊に郷里の先輩である沖兵長の顔を見た時はとても嬉しく、休憩時間に交わす言葉に、遠く懐かしい遙かな故郷を思うのだった。同じ浜で遊び、同じ潮の流れで育った二人は、ハーレーの朝の喧噪や祈り、馴染んだサバニの感触と早い漁村の朝、そして奏でられていた琉球の旋律を全身でいとおしんだ。二人の家が隣同士であったことも、他の糸満出身者達よりも格別に親愛感をかき立てた。

故郷の海の滑らかな輝きと、色鮮やかな祭の衣装の煌めくようなコントラストは、単に美しいだけではなく甘美でさえある夏雲の、完璧な純白の幻想的な流れと共に心深くに刻まれていた。

地上を見下ろしている雄々しい雲の峰が、沖から重なり合いながら糸満に寄せてくる波を力強く祝福しているかのように感じられた夏の真昼。デイゴの花がニライカナイから吹いてくるような南風に揺れていたあの懐かしい日々の追憶は、軍務に勤しむ日々にかけがえのない安らぎを与えてくれていた。

いとおしい故郷の家につながっているこの海は、今は敵の船をたくさん浮かべながら、フィリピンや台湾、そして故郷の沖縄を脅かしている。

今夜の自分達の一撃に作戦全体の成否がかかっている。分散して海に入る前に、沖兵長が力強く全員に言い切った言葉の決然とした響きを思い出しながら、彼は夜の海をひたすら泳いでいた。

　青白く照らし出される夜の海面は、繰り返し襲ってくる台風の夜に、故郷の家から垣間見た稲妻を思い出させた。デイゴの花が多く咲き乱れると、その年は台風がたくさんやってくるとの言い伝えを大人達が言い交わしていたこともまた、真紅の美しい花の色と一緒に脳裏に浮かんだ。

　時折口に入る潮の味は、まだ泳ぎを覚え立てだった子供の頃に、初めて足がつかない深みまで泳いだ時に慌てて飲み込んだ味と、彼の慌てぶりを振り返って笑った年上の子供達の笑顔を鮮やかに胸に呼び起こした。あの頃の波は、やわらかく、まるで好意をこめてなぶるように、からかうように、大きな力と奥深い懐で海の子らと心ゆくまで戯れてくれた。

　比嘉伍長はガドブス島のビーチに這い上がると、しばらく砂浜に伏せたまま休息し、元気を取り戻すと北部洞窟を目指してゆっくりと進んだ。見当をつけた洞窟へ用心深く接近して、先に着いていた沖兵長の笑顔を見つけた時は嬉しくて目が僅かにうるむような気がした。

「比嘉、これからしばらく集合完了を待つぞ」沖兵長が夜目にも真っ白い歯をのぞかせて微笑むと囁いた。

　洞窟で体を休めながら待機していると、次々と人の気配が増えてきて、やがて十七名全員が集結を終えた。

防水処理を施して携行した焼米と塩を各自が取り出して最後の食事を摂った。水筒から喉に流し込む水がとても美味く感じられて、みんな少し呆然とした表情を浮かべて互いの顔を見合っている。洞窟の入口に近い岩の隙間から、美しく流れ落ちるような満天の星々が優しく囁きかけるように輝いているのが見えた。思い出したように誰かが煙草を取り出すと、灯りが洩れないように手で用心深く覆いながら火を点けて吸い始めた。洞窟内には、寄せる波の音だけが静かに繰り返し響いていて、とてもここが激戦の真っ只中にある最前線の島だとは信じられない気がした。

紫煙が漂う洞窟のそこここに黒くうずくまる機雷を見た時に、比嘉伍長は思わず胴震いするような興奮を覚えた。これで敵艦を屠るんだな。もうすぐ俺もろともに粉微塵にしてやるぞ。でも、俺のこの元気いっぱいの体が、あとしばらくしたらこの世から無くなるのか？何か現実感が湧いてこない困惑を覚えた伍長は、携行した小さなハンマーの硬い手触りをあらためて確かめた。これで信管を思い切り叩いて吹き飛ばしてやる。なんとかして発見されないうちに船の横っ腹にこの機雷を着けないと。

「洞窟周囲の罠線と鳴子は準備完了だ。大体止後に目標へ前進するから、各自、体の手入れを怠るな」沖兵長の声が低く洞窟内に響いた。

「みんな、それまでに煙草と水を思う存分にな」部下をいたわるように彼は静かにそう付け加えた。

体も乾いてきたし少し眠ろうとして比嘉伍長は瞳を閉じてみた。

瞼の奥に実家での食卓が浮かんできた。神事の後で親戚が集まって、酒が進むといつのまにか奏でられ始めた蛇皮線の音に、やおら立ち上がって舞い始める大人達の楽しげな様子がありありと思い出された。あの頃は、自分もいつか大人になったら、あんなふうに舞うのだろうかと子供心に思っていた。

パラオやハワイ、そしてフィリピンにも、多くの人々が働きに出て行ったけれど、比嘉家は昔ながらの海人として生きていた。琉球に多くの征服者達がやってくる時代の、おそらくはずっと以前から彼の祖先達が、恵み多い南のおおいなる海原を相手にそうやってたくましく生きてきたように。

祭の夜に、辻々に集まっていた同じ部落の女の子達のことも胸に浮かんだ。友達同士でただ立ち話をするだけだったたが、甘酸っぱい香りが何かの拍子に鼻をくすぐると、頬が思わず火照るような気がしてきて、こそばゆい気持ちを持て余しながら、港の方から通りを抜けてくる潮風を急いで吸い込んだりしたものだった。

軍指定の慰安所に彼は足を踏み入れたことはなかった。別に誰に義理立てするでもなかったが、そういう気持ちになんとなくなれないで今日までいた。

本島を進発してペリリューに向かう前に与えられた最後の休暇を使って、故郷に出した最後の軍事郵便にも、和平は清い体のままでお国に一命を捧げますと書き記したのだった。

遺言めいた物を肉親に送っておきたくなったのは、やはり何かの形で自分がこの世に生きた証を残しておきたいという気持ちの現れだったのかもしれなかった。

気持ちが傾いた子もいないではなかったが、すべては戦いが終わってから考えようと思っていた。聖戦完遂がまず第一だ。大東亜の解放のために帝国は全力を挙げて戦っているのだから、こういう時代に生まれあわせた幸せを心身共にじゅうぶんに噛み締めながら、与えられた任務に最後まで勇気を振るって邁進しようと比嘉は思っていた。

でも、死ぬってどういうことだろう？　どこか別の国へ行くんだろうか？　水平線の遥か彼方にあると遠い昔から言い伝えられているニライカナイへ向かうのか？　そこでは、今夜一緒に出撃する同郷の戦友達と共にずっと過ごせるのかな？　俺が写真でしか知らない、ご先祖様達とも会えるんだろうか？　会ってもはたしてお互いがわかるのかな？　どうだろう？　よくわからない。無我夢中で敵を爆砕した後で、砕け散った俺の魂はどこへ駆け昇っていくのだろう？　死ぬ時ってすごく痛いのかな？　いや、一瞬で呼吸ができなくなるはずだから平気だ。呼吸ができないってどんな感じかな？　小学校の頃に一度溺れたけれど、あんなふうなんだろうか？

あの時は、夜の海でどんどん沖に泳いでいく長兄を見ていたら置き去りにされたようでとても寂しくなってしまい、思わず後を追おうとして溺れてしまった。沈みながら必死にもがいて二度ほど水を飲んだ時はとても苦しかったけれど、不意に眠気がさしたような気がしたと思ったらフッと気持ちよくなった。

砂浜から見ていた次兄が異変に気づいて必死で泳いできて素早く引き上げてくれなかったら俺はあの時に死んでいたんだ。金色に輝く月が海を照らしてくれていなかったら見つけてもらえなかっただろう。コバルトブルーの海を闇が覆い隠そうとする時にいつも、月は慈しむような光を海に投げかけてくれた。

二人の兄達は、スラバヤ沖海戦とガダルカナル島でそれぞれ行方不明になったままだ。もう一度だけでも三人揃って顔を合わせたかった気がするが、戦時下とてどうすることもできない。

でも、一緒に行く戦友達の中には、生まれた時から両親がいなくて祖父母に育てられた者や、里子に出されて育った者もいるんだから、自分ばかりが兄達を恋しがってもいられない。

なんといっても十七名が一緒に戦うんだし、みんなが家族みたいなものなんだから。

潮騒のリフレインに戦友達の寝息が重なっていくのを耳の奥で聞きながら、比嘉はいつしか眠りに落ちていった。

＊

沖縄に咲く避寒桜の色は濃い。比嘉は内地の桜をまだ見たことがなかったけれど、大阪で働いている伯父が帰郷した際に、そのえもいわれぬ淡く心に沁み入る色彩と、春風に舞い散る可憐な美しさを繰り返し聞かされたことで、ひとつのイメージができあがっていた。家の書棚に置いてあったアサヒグラフに載っていた吉野の桜への憧れは強く胸に焼き付いていたし、まだ見ぬ内地の大都会の桜や、本でしか知らない桜吹雪のはかない美しさに早くふれてみたいと心のどこかでいつも思っていた。

いつか俺も、まだ知らない世界へと旅に出よう。これまで経験したことのない暮らしの流れと、故郷とはまるで違う言葉を話す人々の中へ入っていきたい。みんなに受け入れてもらえるだろうか？　暮らしのリズムに馴染めるだろうか？　話や本でしか知らない別世界がてこにはあるのかもしれない。あの美しい桜を仰ぎ見て、風に舞う花びらを掌に受けとめながら、子供の頃から抱き続けてきた憧れを胸の奥から空へと高く解き放ってやることができるだろうか？

いつのまにか、まるで真夏の真昼のような清浄な白が、周囲のすべてを溢れるような輝く豊饒な光で満たしているビーチに比嘉は一人きりで佇んでいた。

純白の強い光がとても眩しくて思わず額に手をかざした。

見回しても誰もいないが不思議と寂しさは感じなかった。ふと気づくと麻の半ズボンにランニングシャツだけの服装で武装は何ひとつしていない。

遙か沖から静かに重なり合いながら寄せてくる波は、リーフで砕けてから浜に打ち寄せてくるのに音がまるでしない。水平線の彼方でトビウオが跳ねても、水音がここまで聞こえるのではと思えるほどの静寂が支配する世界。

これまでの自分を包みこんでいたあらゆる不安や怒りと未練、尽きぬ焦燥と煩悶が、甘美で優しく思いやりと慰めに満ちた心和む慈愛の波動で雲散霧消していくのが全身にはっきりと感じられ、言い尽くせぬ懐かしさと安息への深い希求が、母の膝の上にいるような限りない安心と満ち足りた静謐とに包まれて水平線まで大きく広がっていくのが感じられた。

不思議な安堵感に満たされて思わず砂浜に腰をおろすと両肩が誰かにふれあった。ゆっくりと左右を見ると兄達が座っていた。二人ともいつここへ来たの？　聞こうとしたが口が動かずに言葉がまるで出ない。長兄も次兄も出征した時のままの真新しい軍装で微笑んでいるだけで口を開こうとはしなかったが、また一緒に話そう、最後まで落ち着いてしっかりやるんだぞ、俺達が守ってやるからなと、抱きつきたいほどに懐かしい兄達の声が交互に胸に響いてきた。

言葉にできない言葉が、言葉以上のいとおしい気持ちの深い交わりとなって兄弟の間を行き来しているようだった。

涙が不意に溢れた。俺、入営してからずっと、にいちゃん達の声が聞きたかったよ。もう会えないのかと思ってた。肩があったかいよ。また三人で一緒に、暑い夏の昼下がりに涼しくてやわらかい風が吹き抜ける縁側で昼寝しようね。今は誰もいないから泣いてもいいよね？　俺はこれまで軍隊でどんなにイジめられても泣いたことは一度もなかったけど、もう一度にいちゃん達に甘えたくてしかたがなかったんだ。今は泣いてもいいよね？

「比嘉、比嘉、時間だぞ」

耳元で、沖兵長の声がした。

目覚めると、彫りが深く眉の濃い精悍な沖の瞳が間近で微笑み、比嘉の右手をしっかりと両手で優しく握りしめながら軽く動かしていた。

「ご奉公の時だ。故郷の武勇をアメリカに思い知らせてやろう」

よしと立ち上がって膝の屈伸を数回すると、それぞれが重くうずくまる機雷に取り付いて運搬にかかった。もう迷いは誰にもなく、ただひたすらに敵艦爆砕の任務に邁進するのみだった。

全員で協力して慎重に砂浜に機雷を移動し、なんとか海中に搬送を終えたが、各自がロープで機雷を引いて泳ぎ出すと、潮流が強くてとても最初から一人での攻撃は無理なことがわかったため、敵艦へ向かう沖への流れに機雷を乗せるまでは二人で引き、単独で前進が可能になるポイントまで持って行くことにした。

幸いにもまだ、この方面へはそれほど頻繁に照明弾を打ち上げてはこない。比嘉伍長は、沖兵長と機雷を引いて泳ぎながら、ぼんやりと海上にシルエットを浮かべている敵艦を波間から時々見つめた。

あいつらが正確に撃ってきたら粉微塵だ。頼むからあとしばらくおとなしくしててくれよ。

リーフのやや手前の線まで二人組で機雷を引いて往復し、どうにか単独搬送ができる態勢を完了するまで思ったよりも時間がかかったが、十七名全員がみごとに攻撃準備をやり遂げた。

適度な機雷間の距離を保持しなければならないために、一度展開してしまえばもう戦友の顔は見えないし言葉を交わすこともむろんできない。

比嘉は、沖兵長の引く機雷が遠ざかっていくのを波に身を委ねながら見送った。二人でロープを引いて泳いだあとで機雷の位置を確かめると「よし、これで大丈夫だ。比嘉、しっかりやれよ、じゃあ行くぞ」と、彼の右肩を一瞬強くつかんで微笑むと身を翻して沖は自らの機雷へと泳ぎ去っていった。

薄い月明かりに兵長の頭が次第に小さくなり、機雷が黒く波間に見え隠れしながら次第に遠くなっていくのを見送りながら、比嘉は思わずちぎれるほどに手を振った。

よし行こう。比嘉は我に返って呟くと気を引き締めて敵艦目指して泳ぎ始めた。

時折雲間から顔を出す南の月は、ひたむきに自らの死へと向かって泳ぐ若者達を、まるで懐に抱いて慈しむような表情で見おろしている。夜風に乗って敵艦から微かにジャズが流れてきた。もう勝ったつもりなのか！　今に見ていろ。比嘉は突き上げるような敵愾心が煽られるのを感じ、全身に力を漲らせて歯を食いしばって泳いでいった。

エンジン音は響いてこない。機関停止をしてアンカーを打っているらしく、探照灯を時折回しはしているが、照らす間隔から見ても真剣に警戒している様子には見えない。

確かに上陸支援の敵艦艇群は油断していた。上陸部隊から入った最新の通信では、上陸当初こそ味方は予想外に甚大な被害を被ったが、今はもう飛行場を制圧し残敵掃討の段階に入ったらしい。日本機は組織だった攻撃はかけてこないし接近する艦艇も皆無だ。空にも海にも、チビでガニ股のジャップ共の影はほとんどない。あとは奴らが例によって夜にお決まりの自殺攻撃を大規模に仕掛けてくるのを待ってから死体の山を築いて片づけてやればこの島も終わり。先に戦った者達から聞いていたとおりの展開だし気楽な戦争だぞこれは。

停泊する上陸支援艦艇の乗組員達にはそんな楽観の色が濃く漂っていて、搭載機銃に着いている射手や無線機を操作する通信手達、機関部や操舵部に所属する兵員達も、また艦長ら士官の間にさえ、何かこのまま陸上部隊の支援を続けていれば攻略戦はじきに終わるようなそんな気分が広がっていた。

波の音に入り交じって風が運んでくるジャズの音が次第に大きくなってくる。うねりが少し出てきた。このままではせっかく維持してきた進路が……と比嘉が思った刹那、闇を轟音が切り裂いて一個の機雷が大きな水柱を吹き上げて爆発した。

機雷がリーフに接触して爆発したらしい。支援艦艇群に緊張が走り、騒がしい声が飛び交ったかと見る間に銃撃が四方八方から爆発箇所の方向へ始まって、夥しい曳光弾がリーフ付近へ光の束となって吸い込まれ、てんでにエンジン音が響き始めた。

しまった！　これで探照灯が一斉にあたりの海面を舐めまわし始める。船にたどり着く前にやられるのか！

比嘉がそう思った瞬間、重く轟く爆音と共に夜空から舞い降りてきたフロート付の一式水上偵察機が二機、まるで月が差し出す金色の甲冑をまとった武者のように荒々しく飛びながら艦艇群へ迫って銃撃を加え始めた。不意をつかれた艦艇は気が狂ったように探照灯を交差させて飛行機を捉えようとし、めったやたらと機銃掃射を始めて大混乱に陥った。

比嘉から見て二時の方向で立て続けに機雷が爆発した。銃撃によるものか、リーフに触れたのかはわからないが艦艇を捉えたものでないのは敵とのおおよその距離からしても確かなように思われた。

水上偵察機は猛烈な機銃火をかいくぐって飛び去っては舞い戻り、舞い戻っては飛び去りつつ、海面すれすれを這うように飛びながら繰り返し艦艇群に激しい銃撃を浴びせ続けている。艦上の何かに引火したのだろう、燃え上がる艦艇が数隻出始めて炎が青白く海面を照らした。

突然に夜空から舞い降りてきた二羽の鳥は、日輪を描いた翼を広げ鋭い爪を大きく剥いて怒りに燃えながら敵を浮かべる海へ襲いかかっていた。

消火作業と対空戦闘に忙殺されて海面への警戒が疎かになっている一隻の艦艇を、比嘉は十時方向に素早く見定めると、注意深く回り込むようにして、海面が火災に照らされずにほの暗いままの方向へ位置すると落ち着いて敵への接近を開始した。

比嘉が肉迫する逆方向から友軍機は超低空で銃撃を加えてきている。船の全神経は迫ってくる飛行機へ向いていて後方への目はほとんど機能していないように思われた。

頼むぞ！　俺に気づくなよ！　もうすぐで一発轟沈だ。

またどこかで機雷が爆発。今度は艦艇が炎上するのが見えた。攻撃成功だ。誰だろう？　よくやったぞ。沖兵長かな？　俺も負けられない、ともかく船に着けてから叩かないと意味がない。

一息入れながら機雷をたぐり寄せていると、後方の海面の一点に数隻の探照灯が光の帯を束ねたと見る間に一斉射撃が集中されて轟音と共に機雷が数個爆発するのが見えた。間髪を入れず、やや斜め後方で腹に響く衝撃と共に艦艇が大きな水柱と敵兵の悲鳴を残して粉微塵になった。また攻撃成功だ。

上空の爆音はまだ轟いている。二機共に健在であってくれと比嘉は思った。

ありがとう、もういいよ。じゅうぶんに奴らを引きつけてくれたから。もういいよ、もう帰ってくれ。俺の目の前で撃ち落とされるのは絶対に見たくないから。嬉しかったよ、すごく嬉しかった。ありがとう、負けないよ、俺も絶対。

突然に吹きこぼれるように涙が溢れた。俺は一人じゃなかったんだ。来てくれた。助けに来てくれた。日本の飛行機が来て戦ってくれたんだ。

やっぱり俺は一人じゃなかった。

死なないでくれ、頼むよ。俺達が死んだ後も戦いは続いていくから。最後まで大空に日の丸を輝かせて舞い続けておくれよ。ありがとう！　あんまり嬉しくて、恥ずかしいけど涙が止まらないよ。本当にありがとう。

目前に艦艇が迫ってきた。黒く大きな壁のような船腹が揺れ、そこには水着で寝そべりながらウィンクする若い女の絵が派手に大きく毒々しい色彩で描いてあった。

真上の艦上に人の気配がしたので比嘉は素早く潜った。しばらく海面を見下ろしていた兵士は艦橋へと立ち去っていった。

長く潜っていてから、仰向けにそっと顔を出した比嘉は、大きく息をつくとまたロープをたぐり始めた。目標艦艇までもうあと十メーターもないところへ機雷は引かれてきている。たぐりながら艦上の気配をうかがう。ジャズはさすがにもう聞こえてはこず、兵員が慌ただしく行き交う様子が緊張を漲らせて伝わってきた。

重い機銃の発射音が間断なく響いて、敵は友軍機を狙ってめったやたらと撃殻薬莢をばらまき、船上から溢れた薬莢が滝のように舷側の海にこぼれ落ちていた。微速前進はせずに現在地で停止したままの射撃を続けているようだ。

見つかるなよ、早くここへ来い。そんな思いで見つめながら懸命に機雷を引き寄せ、比嘉は最後の力を振り絞るようにして懸命にロープをたぐり寄せていた。

月が雲間に隠れ、闇が海面を覆った。爆音が遠ざかっていくのが感じられ、艦上の動きがまた騒がしさを増した。おそらく被弾箇所を調べ、損害を掌握して報告しようとしているのだろう。比嘉は目標艦艇上の動きにも注意を払いながら、あと僅かな距離になったというのに潮の流れに邪魔されて思うに任せない機雷の重みと格闘していた。

どうしたんだ？　ここまで気づかれずに来たというのになぜ潮が邪魔するんだ？　月が隠れてくれているうちに攻撃したいのに。

機雷へ近づいて違う方向から力を加えようかと迷いながら、いったん艦を離れようとした時に、目の前に立っている人影に比嘉は気づいた。二人の兄と、沖兵長が不思議にも海面に立ったまま微笑んで見下ろしていた。

三人共、通常の軍装をしてにこやかな表情を浮かべている。おい、和平、何をもたついてる？　しょうがないなあ。ちょっと力を貸してやるか。そんな懐かしい兄達の声が胸の奥に響いたような気がすると、ロープが急に軽くなって機雷をまた元通りにたぐり寄せられるようになった。

二人の兄達と沖兵長が見守ってくれるなかを比嘉は機雷をたぐり寄せた。目の前に引き寄せた機雷の信管打撃位置を確かめるとハンマーを慎重に取り出す。艦の腹をもう一度見上げると、いつのまにかあの若い女の派手で毒々しい絵は消えていて、替わりに比嘉がこれまでまだ直には見たことのなかった、郷土の避寒桜とは違って薄く淡い色彩の桜が一面に咲き誇っているのが瞳に映った。

ああ、なんてきれいで胸に染み入る優しい色彩だろう。これまで胸に思い描いていたとおりの美しさだ。ここへみんな来ればいい。そうだ、友達も両親も兄弟も戦友も、そして、秘かに気になり始めていたあの子も、みんなでこの木立の下へ走って来ればいいのに。

ここで俺と踊ろうよ、唄おう、一緒に。俺達の唄を。潮騒のようにいつまでも終わらない唄を、楽しく伸びやかに明るく、生きる喜びを精一杯にこめて。

桜が散り始めた。目を奪う艶やかな吹雪のように海に降り注ぐ。

それはまるで、パラオ伝説の巨人が今、若者達の捧げる命を尽きぬ哀惜を込めた慈愛のまなざしで祝福し、これから紅蓮の焔を上げて冷たく浄められた久遠の道に歩み入ろうとする彼らの高貴な魂を抱擁しようとするかのようだった。

至高天へと捧げられる若い命を、海は繊細で可憐な指先で包み込みながら限りない優しさで引き寄せ、果てのない懐深くへと誘い、たおやかに鎮めて眠り込ませようとしていた。

比嘉は、海に舞い落ちる美しい桜吹雪の中に陶然と浮かんでいた。祖父におぶわれて歩いた港へ続く小道の風景や、心躍るハーレーの喧噪、祭の後に捧げられる祈り、朝の食卓、学友達とてんでに連れ立って、真っ白に光る海で体を青く染め上げるほどに思い切り遊んだ夏休みの午後、兄達と戯れた浜辺の白い砂、いつも教室に響いていたオルガンの音色と白墨の匂い、卒業式にみんなで大きな声をあげて歌った「仰げば尊し」、そして、このうえなく優しい大好きな母の微笑が次々と眼前に浮かんでは消えていく。

最後までかけることができなかったあの子への言葉もまた、もう一度大切に抱きしめ直してみた。

君のきれいでまっすぐな瞳を、僕ははにかんでしまって長く支えることができなかったよ。今はそれがちょっと悔しいな。今度会ったら思い切って話しかけてみるよ。その時は最後まで聞いてくれないか？　今夜のこの戦いのことを。俺も戦友達も、誰にも恥ずかしくない働きをしたんだからね。

限りない力を持った波が、繊細で優しい心静まる旋律を奏でながら、まるであやすように体をゆっくりと揺らしてくれる。いとおしい海に抱かれて空を仰いだ刹那、夜空を吹き払うように突然現れた神々しいほど純白に輝く日輪が、比嘉の瞳いっぱいに眩しく力強く広がった。

さあ今だ、あの空へ駆け上ろう。みんな待ってろ、俺もこれから行くぞ！

闇を切り裂く水柱が閃光を発しながら高く上がって凄まじい轟音が海に響きわたり、艦艇は波に飲まれて沈んでいった。

それは、挺身機雷攻撃隊の捧げた祖国と郷土への祈りの終焉を告げるかのように、七色の虹をまとって天へ凱旋する若い戦士達を悼む美しいレクイエムとなって、南の海原にどこまでも哀しく美しい余韻を広げていった。

第八章　地下に潜って

各部隊に別れて中央高地帯に撤退しながら、地下坑道陣地での戦闘が始まった。上陸前から、あらかじめダイナマイトを使って掘り下げた縦穴に横穴が連結され、上下の戦闘を行ったが、敵の爆雷攻撃を頻繁に受けても上に吹き上げるだけで被害は少なかった。

飛行場から離脱してきた青山少尉達も、今は坑道陣地に拠って戦闘を続けていた。

縦穴の底には鋼材の先端を尖らせた手製の槍を植え込んだ箇所を作った。引きずり込んだ敵を串刺しにするためだった。先端に毒を塗った吹き矢も準備した。これは夜戦で音を立てずに顔面や首筋を狙うためだった。

倒れた敵から奪った手榴弾はそのまま仕掛け爆弾として利用した。遺棄死体を敵は必ず回収にやってくるので、戦闘後に素早く仕掛けを作り、遺体を動かすと数個の手榴弾が連鎖して爆発するようにした。

小人数が囮となって、縦穴の入り口をうまく偽装した罠へ敵をおびき寄せ、落とし穴にかからせて串刺しにもした。

地面に近い横穴に待機していて、頭上を通り過ぎる足音を頼りに地上に瞬時に身を躍らせて、銃剣を投げつけて敵を倒したり、手榴弾を足元へ転がしたりした。

敵は縦穴入り口を発見すると、自動小銃を乱射した後で多くの爆雷を投げ込んできたが、当初からの予想どおり上へ吹き上げるだけで、横穴へ入ってしまえば被害はさほど出なかった。

ともかく、撃っては隠れ、隠れては撃って、敵の神経を磨り減らさなければならない。長期持久という目標は、陸海を問わず地区隊将兵の末端にまで行き渡って、そこかしこで神出鬼没の粘り強い戦闘が展開されていた。

周囲から敵の気配が無くなり、エンジン音が遠ざかると決まって定期便のような艦砲射撃がやってくる。耳をつんざくような爆破音が轟き、陣地が潰されるかと思うほどの振動が腹の底から突き上げてきて、地上には幾千もの鋭い破片が荒れ狂うシャワーのように吹き散らされ、地上に身を曝したままでいれば瞬く間にズタズタに引き裂かれてしまうのだった。

艦砲射撃を浴びた後の戦場には、正視に耐えないむごたらしい様子の死体の切れ端がちらばっていることが多かった。地下壕や洞窟陣地への退避が遅れて殺された若い多くの兵士達。

呻く重傷者をなんとか救おうとする間もなく、今度は艦砲射撃と交替するように上空に爆音を轟かせて雲霞のような敵機が乱舞し始め、増加タンクと呼ばれたナパーム弾を、地区隊の対空放火の不在を嘲笑するかのように大量に落とし始めるのだった。

やむなく救出を中止して陣地へ潜れば、悪魔の舌のような炎の帯が縦横無尽に地を舐め尽くし、重傷者も死者も、つい先ほどまでは人体の一部だった散乱する肉片までも、総てを焼き尽くしていく。

生者は焼き殺される前に窒息させられるのだ。延びてくるナパームの炎は酸素を貪欲に漁り、まるで絞め殺すように命を奪った後で念入りに焼き尽くすのだった。

あれほど美しかった緑の島は見る影もなく黒焦げになり、殺戮と破壊に飽きることを知らないような敵は、無尽蔵とも思える砲爆弾を惜しげもなく注ぎ込んでは物量の差を誇示しているかのようだった。

＊

青山少尉は、唯一人生き残った大場伍長と共に、飛行場からやや中央高地帯寄りの坑道陣地を縦横に駆け回っては敵の意表を突く攻撃を執拗に仕掛けていた。

各中隊の本部には糧秣がまだ一定量確保されていて、指揮下に入った中隊の本部から少尉達は糧秣や弾薬の給与を受けることができた。

合流からほどなくして、それぞれの原所属部隊が壊滅した兵士達を再編制して青山少尉が指揮することになったが、少尉はこれまでにある程度の損害を遊撃的手法で敵に与えたことから、今後は良好な火点からの必中の狙撃によって敵の前進を遅滞させ、将校と通信手を重点的に倒して指揮系統を混乱させることを目標とした。

「大場伍長、今宵は恩賜の酒を酌もうか？」

司令部での将校会同を終えて、武器手入れも済んだ後で青山少尉は大場に話しかけた。

「はい。自分は下戸ですのでサイダーでおつきあいさせてください」伍長が困ったように答えるとすっかり日焼けした少尉の顔がほころんだ。

「へえ飲まないのか。そういえば大場が飲んでいる姿は一度も見たことがなかったなあ」楽しそうに少尉は言って白い歯をのぞかせた。

「島の子達とよく遊んであげてたね」

「はい」

「大場にもあの子達くらいの小さな弟がいるんだろう？」

「はい。もう亡くなりましたが」

「そうか。じゃあああの子達の中にきっと、弟さんも帰ってきて一緒に遊んでたんだろうな」

「大場は優しい兄貴なんだね」

少尉はそう続けると陶器の湯呑みをゆっくりと傾けた。

二人は洞窟陣地の奥まった一角に腰を下ろしていた。ランプの薄暗い灯りがゆらめいて時折通っていく兵士達の影を壁に映し出している。

「少尉殿はまだお一人ですか？」

大場は、初めて間近に見る鉄帽や戦闘帽を取った青山の若々しい表情を見つめながら聞いた。この人は自分と同世代なんだな。日頃はほとんど言葉を交わす機会もなかったけれど、今はもう生き残っているのは二人だけだ。

「うんそうだよ」

青山は亜希子の面影を胸に抱いたまま答えた。

「大場も故郷が心配だろう？　ご両親はご健在か？」

「はい。ですが年寄りだけで田畑を守るのはずいぶん辛かろうと時々思うことがあります」

大場は自分でも驚くほど素直に胸中を言葉にしてしまった。

この人になら本当の気持ちを明かしても大丈夫だと思った。サイダーの瓶に目を落とすと大場は一口飲んだ。

「本当にそうだろうな。大場、俺に正直に答えたからといって何も心配はいらんぞ。口には出さなかったが、死んでいった者達も思いは同じだったろう。こういう時代だから、それぞれ全力でご奉公に邁進しなければならんが、いつか戦いは終わる。終わればまた、一人一人が胸に抱く希望を追えるようになるんだから」

「少尉殿は本当に……」この戦争に勝てると思われますか？　と続けようとした言葉を大場は唇を噛み締めて飲みこみ、恩賜の酒瓶を手に取ると空に近くなった少尉の湯呑みに静かに注いだ。

「九分九厘は無理だ」

「？」

「これほどの物量差はいかんともしがたい。パラオの後でフィリピンを落とせば、台湾や沖縄を経て敵は本土に上がろうとするだろう」

「言いかけて途中で黙っても、大場が聞きたいことはよくわかるよ」青山は微笑んだ。

「俺もそのことを繰り返し考えた。どう考えても、東西に加えて南まで、戦力の限界をはるかに超えて多過ぎる戦線を抱えているドイツにはもう勝ち目はない。わが国とソ連との条約も、独ソ間の不可侵条約があっさりとヒトラーに反古にされたように、逆に今度はいつ日本に対して奴らが裏切ってくるかわからん。ソ連は元来が信義など問題にしない共産主義者の国なんだし全く信用はならないよ」

青山は、いったん言葉を切って大場の瞳を間近に覗き込むようにした。

思いがけない上官の言葉に思わず息をのんで大場が黙っていると、青山は湯呑みを地面に置いて目をそらし、洞窟の天井を見上げながら大きく息をついた。

「しかし、ドイツも敗れ去って、もしも日本が力尽きることがあっても、押し寄せる強大な敵に必死の戦いを最後まで挑んだ若者達がいたことは必ず末永く語り継がれるよ。日本は将来また不死鳥のように絶対よみがえる。どのくらいの時間がかかるのかはわからないが、日本人の胸に民族の誇りが生き続ける限りは必ずそうなる。後に続いてくれる者達を信じよう。日本の未来を信じよう」

青山は、半ば自らに言い聞かせるようにそう呟いた。

＊

徹底した遅滞行動を取るための狙撃戦が始まった。地区隊兵士達は練達の狙撃手揃いで、有効射程ギリギリの距離で敵兵の頭部や胸部の中央を正確に一撃で捉えた。

あちこちに頭部を撃ち抜かれたヘルメットが転がり始めた。一人が倒されると敵兵はやみくもに応射し、後方の迫撃砲に連絡して弾幕を被せてきたり、肩撃ち式の対戦車砲で瑠弾を発火点へ撃ち込んできたりしたが、地区隊兵士達は狙撃後に素早く移動しては別のポイントに位置して次の機会を狙うために損害は軽微だった。

小銃の照門と照星を結ぶ線の延長上に捉えた敵のヘルメットの真ん中へ、青山少尉も大場伍長も正確な射弾を乾いた銃声と共に慌てることなく冷静に送り続けた。

敵がむやみやたらと弾丸のシャワーを浴びせかけてくる間は、洞窟陣地の僅かな開口部からやや奥に退がって飛び込んでくる跳弾に注意しながらじっと待つ。

しばらくの沈黙の後で、再び前進を始めた敵を、素早い入り口への移動と正確な姿勢保持で狙撃してまた撃ち殺す。

敵の近接によって彼我の距離が縮まれば縮まるほど、ヘルメットを撃ち抜く手応えは確かになり、倒された多くの戦友を置き去りにして敵がいったん退却すると、今度は遺棄死体をボディバッグに回収にくる部隊を狙うべく、狙撃位置を再び変えて射線が交差するように陣容を整えてから待機した。敵はどういう状況下でも必ず遺体を回収しようとする。この習性を利用するために、遺棄死体に手早く仕掛爆弾を設置し、遺体を引き起こせば手榴弾や布団爆雷や棒地雷が連鎖して爆発するように罠を迅速に設置するのも重要な作業だった。

大場は、戦友と一緒に遺棄死体を仰向けに起こした時に敵の若い兵士の死顔を見た。血管が透けて見えるほどの抜けるように白い肌が眉から下だけは赤く日焼けしている。少し空いた口元からは白い歯が覗き、プラチナブロンドのカールした髪が額に少しまとわりついていて、落ちたヘルメットの周囲には血溜まりができていた。

大きく見開かれたままの青い瞳は、まるで今にも瞬いて何か話しかけてくるかのようで、思わず大場は瞼に指をかけて優しく彼の瞳を閉じてやった。

こんなに間近で白人の顔を見るのは初めてだった。俺と同じでまだ若い。そして、俺と同じように故郷へ帰りたかったに違いない。戦争じゃなければ友達になれそうな奴なのに。許せよ。大場はそう思いながら、戦友と協力して敵兵の下に手早く爆雷を仕掛けてから陣地へと退がった。

射撃姿勢を取って待機に入ると、小銃を握る手から微かに血の匂いがした。敵兵の遺体にふれた作業で付いたものに違いない。大場は水筒から僅かの水を口に含むと手に吹き付けて洗った。不意に爆雷を仕掛ける前に見た青い瞳が浮かんできて、何かやりきれない思いが胸に突き上げた。

俺はおまえが憎いわけじゃないんだ。ただ、おまえ達を本土へ上げるわけには絶対にいかないんだ。俺は俺の故郷を護るよ。倒されるまでのおまえも、きっとそういう気持ちだったに違いない。

先頭に立つ水陸両用車のエンジン音が響いて、一隊の敵がやって来るのが待ち伏せる地区隊兵士の視界に入った。

一斉に小銃に装填する金属音が響いて、各兵士は射撃体勢に入った。仕掛け爆弾が爆発したら正確に狙撃する、一人たりとも逃がさないで。

停止した水陸両用車が車載機銃で遺体の手前を一連射した。腹に響く重い発射音が轟く。仕掛け爆弾を警戒しているらしい。もう一連射。遺体は沈黙したままだ。匍匐してきた指揮官らしいのも発砲した。やはり爆発しない。水陸両用車が微速前進を始めた。敵兵は匍匐をやめて、小腰を屈めた姿勢でやや展開しながら装甲車両について進んできた。

もう少し引きつけよう。近くへ来い。あと少し近づいて来い。おまえ達の青い目玉がよく見えるまでこっちへ来い。

大場は指揮官らしい兵士のヘルメットに狙いをつけて、青山少尉の発砲命令を待った。

「撃て！」

号令と同時に鋭い乾いた発射音が連続して起こった。どさりと音がして敵兵が膝を着き前のめりに倒れ伏す。あるいはヘルメットをはじき飛ばされて仰向けに倒れる。数名の兵士達が瞬時にヘルメットや胸の真ん中を撃ち抜かれて動かなくなった。

「誘爆させろ！」誰かの声が響いた。遺棄死体へ向けて数発の手榴弾が投げられ、まもなく伏せたまま応射中の敵兵と援護の水陸両用車の銃撃音をかき消すように遺体は爆発して周囲の敵兵を一気になぎ倒した。

無線機を担いだ通信手の横で、生き残った兵士がマイクを手に大声で叫んでいる。後方の迫撃砲陣地へ座標を知らせ、ここへ弾幕を被せてくるつもりだ。

随伴歩兵の大半を倒された水陸両用車は気が狂ったように車載機銃を撃ちまくっている。操縦用の小さな窓を狙っても効果は望めないし、手榴弾で始末できる相手でもない。それより何よりわが方には歩兵用の携帯式対戦車砲がない。もうすぐ迫撃砲の弾幕も被されることだし、ここは陣地の奥へと急いで退避するしかない。そう判断した青山少尉は、撃ち方やめをかけて陣地内へ部下を後退させた。

まもなくシュルシュルという嫌な落下音が耳に響いてきて、辺り一帯に迫撃砲弾が落ち始めた。水陸両用車は生き残りの随伴歩兵を伴ってみるみる後退していく。今の戦闘で倒れた敵兵達にも容赦なく砲弾は降り注ぎ、彼らの体は高く吹き上げられ、引き裂かれて散乱していった。

風の向きが変わり、大場達が退避した陣地内にも硝煙の匂いに入り交じって血の臭いが濃く流れ込んでくる。大場は退がった陣地内の僅かな岩の隙間から、敵兵の腕や足や頭がちぎれて転がる様子を見つめていた。

これが収まれば敵さんはまたやってくるだろうか？　あいつらは無尽蔵に持っているとしか到底思えない弾を噴水のように振りまいてくるし、少しでも自分達が不利になれば迫撃砲や戦車や飛行機をすぐに呼び寄せることができる。島の沖合に雲霞の如く停泊中の艦船群に要請しての艦砲射撃もお手のものだ。

手強い奴らだなと大場は思った。まともにぶつかったらアッという間にこっちが死体の山になってしまう。やはり、中川地区隊長殿が示されたとおりに、可能な限り大規模な攻撃は避けながら、小人数での確実な攻撃を繰り返して極力長い期間を持久するしかない。

しかしなぜ、連合艦隊は助けに来てくれないんだろう？　海軍はペリリューへ差し向ける軍艦を全然持たないんだろうか？　沖合にゆうゆうと停泊して海を埋め尽くすように見える敵の艦船を、どうしてまとまった数の飛行機でやっつけないんだろう？　この島のために動かせる船も飛行機もろくにないのか？

青山少尉殿が言っていたように、これが敵との物量の差というものなんだろうか。やはり日本は勝てないのか？　悔しいけど奴らには勝てないのか？

大場は、日頃から意識の隅に無理に追いやって、なるべく考えないように努めてきた重苦しい不安に心を鷲づかみにされたようで気が滅入った。さっきまでの戦闘で、瞳をこの手で閉じてやった若者の姿は、明日のわが身なのかと思うと、戦場のはかなさに胸を押し潰されるような気がして辛かった。

迫撃砲の弾幕がいつしか止むと、また微かなエンジン音が聞こえてきたような気がしたが、それは珍しくやってきたスコールの前触れだった。雷が鳴り始めたと思う間もなく大粒の雨が音を立てて大地を激しく叩き始め、死者達が流したたくさんの血を洗い流して、僅かな涼気を戦場にもたらすのだった。

各洞窟陣地では、岩の割れ目から流れてくる雨水を大急ぎで各自が水筒に詰め、容器に受けては飲料水貯蔵用のドラム缶へと注ぎ入れた。洞窟にこもって戦う地区隊兵士達には、文字どおりの干天の慈雨で全員が生き返ったような思いになり、士気はとみに揚がった。

大場もまた、飯盒の蓋で受けとめた雨水を何度も飲み干すと大きく息をつき、監視任務を交替すると洞窟の奥へと退がって、所定の場所へ横になるとすぐに眠りに落ちた。

＊

「かごめかごめ、籠の中の鳥は、いついつ出やる。夜明けの晩に、鶴と亀が滑った。後ろの正面だ〜れ」耳元で懐かしいリフレインが心地良く鳴っている。大場は遠い日に、故郷の神社の境内にいるような気分で聴いていた。どこかで聞き覚えのある女の子の声、誰だったかは思い出せないが確かに自分にとって身近な存在だった、か細くてせつなげで繊細な歌声。

群馬から満州に向かって原所属部隊を出発する前、最後に手を合わせた仏壇で微笑んでいた幼い弟の笑顔がありありと浮かんできて、もっと遊んでやればよかったとの思いや、からかいすぎて泣かしてしまった時の事が胸をよぎったりした。

青山少尉殿はな、実はアーメンなんだぜと、声をひそめるように戦友の一人が囁いた。パラオ本島での外出時のひとときも、弟の幼い面影と交錯するようになぜか思い出された。アーメンか、あの少尉殿は敵の奴らと同じ宗教だったなあ。キリスト教の神って、いったいどっちに味方するんだろうか？　それじゃドイツもアメリカもイタリアもイギリスも同じことか。よっぽど殺し合いが好きな神様なのかな？　少尉殿はどんなところに惹かれたんだろう？

うとうとしていると、時々ズシンズシンと腹に深く響く音がして洞窟全体が揺れ始めた。沖合の艦船群からの艦砲射撃だ。まるで定期便のような飛行機がやってきてナパームをばらまき、ロケットを撃ち込まない時は海からのこれだ。無尽蔵とも思える敵の豊富な弾薬、しかし、わが陣地群への艦砲射撃や空爆が続いている間は、同士討ちを避けるために少なくとも近距離には敵兵がいないわけだった。

大場も他の兵士達も、今ではすっかりこの振動に慣れてしまって、まるで敵兵が遠のいた合図でもあるかのように、轟音を気にもかけない様子で浅い眠りを続けている。司令部での幹部会同と命令受領を終えて部隊へ戻ってきた青山少尉は、疲れ切った部下達が仮眠を取る様子をしばらく立ったまま見つめていたが、自らも腰をおろすと背を壁にもたれさせて戦闘帽を目深に被り直すと目をつぶった。

奴らよりも狙撃の腕はこちらがずっと上だ。しかし、戦車砲や火炎放射器で激しく火制されながら近接されてくると洞窟入口に据えた機関銃の効果はまるで期待できず、無理な射撃を続ければかえって射手が倒される公算が大きい。なんとかして装甲車両のキャタピラを切るか、火炎瓶で燃え上がらせて、随伴歩兵を散らしてから各個に撃ち殺す戦法はないものだろうか。

射撃戦の最中に煙弾を撃ち込んできて、こちらの視界を奪いながらの近接戦闘も敵はさかんに試み始めている。煙覆されている間は効果的な射撃ができない。それでも敵はシャリーのように弾をバラまけるからいいがこちらはそうもいかない。金持ちの戦争とはこんなものだろうか。

しかし、もはやここには自動砲も山砲も速射砲もない。僅かに重擲弾筒と軽機関銃や重機関銃が残されているだけだ。虎の子の戦車隊は壊滅させられたし、無名小島の側防砲兵も沈黙して久しい。さっきの司令部幹部会同では、過早な斬り込みは避けて、なるべく現態勢での狙撃戦を継続し、敵進撃の遅滞に可能な限り努めるというのが結論だった。

ロシアの森林地帯での赤軍のように、敵をいったん通過させて背後から撃つか？　いや、ここは森林ではないのだから、火力を指向できる方向を陣地内で変えられないのでまず不可能だ。陣地外に出てしまってからの射撃戦になれば、火力と速射性で劣るわが方は圧倒的に不利だから。それに、シラミ潰しに陣地を蹂躙してからでなければ、慎重な敵はおいそれと防御線を通過はしないだろう。

考えがまとまらないままで少尉はまどろんだ。それは、蒸し暑い空気の中で時が止まったように感じられる、とても浅く、胸に何かが重くのしかかってくるような息苦しくて不快な眠りだった。束の間に与えられたのは、いとおしい亜希子も東京も出てこない、遠雷のような微かな響きが耳を刺激するだけの淡い休息のひとときでしかなかった。

洞窟の入口から、時々青白い光が洩れてくる。敵が夜通し打ち上げている照明弾の灯りだ。夜を昼に変えないと安心できない敵は、豊富な物量に物を言わせて毎晩かなりの量を打ち上げてくる。煌々と地上を照らし出すその光は、まるでこの島で血みどろになって争う生者達を敵味方共に根こそぎにして死の世界へ連れ去ろうとするかのように、不気味な色彩を夜に広げながら不自然で強欲な表情を戦場に与えていた。

警戒に当たる兵士達は、戦友の立てる寝息を背後に聞きながら、目を皿のようにして敵兵の姿を探し求めていた。敵は夜間行動をあまりとらないけれど、そこは万が一ということもある。定められた交替の時間が来るまで、細心の注意と銃口をひとつに重ねて、兵士達は陣地周囲の気配に神経を研ぎ澄ませながら青白く光る夜に目を凝らした。

島の夜明けが迫り、打ち上げられる照明弾の数も減ってきた頃、警戒する兵士の目に大きな水タンクを積載した車両が迫ってくるのが映った。

「そうか。あいつら今日はたっぷりと水を飲んでから攻撃にかかろうってことだな」思わず兵士がそうひとりごちた時、数名の敵兵がするするとホースを延ばして先端を洞窟陣地へ向けて固定するのが見え、まもなく勢いよく吹き出した「水」は洞窟陣地に流れ込んできた。

ガソリンの匂いが周囲に満ちた。「しまった！　ガソリンだ」そう警戒兵が気づいた刹那、すかさず躍進してきた敵の火炎放射器付戦車が砲口から炎の帯を長く延ばしてアッという間に洞窟内は火の海となった。

入口付近にいた兵士がまず悲鳴を上げながら火達磨になって転げ回る。炎は洞窟内を舐めまわすように奥へ奥へとガソリンを貪りながら延びていき、無慈悲な灼熱の手で地区隊兵士達の皮膚を捉えては容赦なく引き裂き、焼けただれさせて思う存分に殺戮した。

二箇所の洞窟がガソリン攻撃でやられた直後、異様な雰囲気と人が焼けただれる臭い、大きく響き渡る阿鼻叫喚の断末魔の叫び声に他陣地の地区隊兵士達は跳ね起きた。

入口へ駆けつけた青山少尉は、一目で状況を見て取るとすぐに、まずホースを保持する敵兵に狙撃を集中するように命令すると共に、ホースの先端近くへの火炎瓶投擲を果敢に試みようとした。逆に敵方へ炎が向かうように引火させたいと思ったのだ。しかし、敵は猛烈な阻止射撃を浴びせて日本軍兵士達の狙撃を抑えつつ、次から次へと新たな洞窟入口を狙ってガソリン放射を仕掛けてきた。僅かな掃射の間隙を縫って投擲した火炎瓶数本は、ホースを構える敵のかなり手前で虚しく燃え上がり、よりいっそう激しい阻止射撃を招き寄せてしまった。

ガソリンの洪水は容赦なく洞窟へ流れ込んでくる。隣接する洞窟陣地から悲鳴が上がった時、青山少尉は連絡通路を使っての別壕への移動を喉が裂けるほどの大声で部下達に命じた。

追いかけてくる炎の舌から身をかわしながら走りに走る。勾配のある連絡通路を登り切って、敵よりも高い位置にある洞窟陣地へたどり着くと、すぐさま少尉は追及してきた部下達に重擲弾筒を準備させ、大場伍長には焼夷徹甲弾を使用してガソリンタンクを撃つように命じた。

陣地入口を出て、敵を見下ろす位置まで大場はじゅうぶんに身を乗り出すと、息を整えてからガソリンタンクを狙った。同じく重擲弾筒の射手も全身を敵に暴露しながら落ち着いて照準を合わせる。敵は洞窟陣地への火炎攻撃に狂奔し、中には日本軍の応射が全く途絶えたのを侮ってか立ち上がって自動小銃を乱射している者も見えた。

彼我の距離は概ね百メートルほど、敵の一人がこちらを見上げて何かを叫びながら銃口を向けた時、大場の小銃と重擲弾筒がほぼ同時に射撃して、ガソリンタンクは大音響と共に爆発炎上して周囲の敵兵達を空へ吹き飛ばした。

急いで大場達は陣地入口まで退がり射撃姿勢を取った。戦車砲がゆっくりとこちらを向くのが見える。少尉は、さらに洞窟の奥まで退がるように命じた。

腹に響く戦車砲の発射音が轟き、入口近くに伏せたままだった重擲弾筒の射手が一人、長く呻くと動かなくなった。また一発撃ち込まれ、洞窟入口が大きく砕け散って開口部はさらに広がった。もう一発、敵は対戦車砲を持たない日本軍をここで一気に蹂躙しようと、エンジン音をひときわ高く響かせる戦車を先頭にして洞窟陣地へと這い上がってくる。いったん停止して射撃、すぐに前進を開始。また停止しては射撃を加えてくる。

漂う硝煙と焼けただれる人の匂いが満ちてくる洞窟陣地で、青山少尉は布団爆雷と棒地雷による戦車への肉迫攻撃を決心した。

「あいつを止めよう！」少尉が叫んだ。

「自分が行きます」大場伍長がすぐにきっぱりと答えた。

棒地雷を抱えると大場は飛び出す機会をうかがった。数十メートルの距離に迫ってきた戦車に、大場の横をすり抜けて入口から身を躍らせた兵士が仁王立ちになって火炎瓶を投げつけるとすぐに車載機銃と随伴歩兵の掃射に撃ち倒された。

燃える戦車は血に飢えた鋼鉄の猛獣のように坂を登りながら、倒れた日本軍兵士をキャタピラで踏みにじって突進してくる。無惨に押し潰される戦友の姿を唇を噛み締めて見守っていた大場は、棒地雷を抱え直すと弾かれたように洞窟を勢いよく飛び出した。

二名の兵士が続いて飛び出し、放胆な立ち撃ちで戦車に随伴してきた敵の歩兵をたちまち二名撃ち殺すと銃剣を振るって白兵戦を挑んだ。

青山少尉も軍刀を抜くと駆けだした。無我夢中で群がる敵の真っ只中へ飛び込み、大場伍長を追い抜くと白兵戦の渦に飛び込んで手当たり次第に斬り、軍刀が折れ曲がって役立たなくなると投げ捨てて、拳銃を抜いて至近距離から敵兵を撃ち殺した。敵味方が混戦となり小銃はもう役立たなかった。殴り上げ、蹴り上げては銃剣で突き通す。銃床で顔面を打ち、横殴りに銃剣を払って首筋を叩く。銃と銃を打ち合わせて組み止めた瞬間に股間を蹴り、あるいは脛を蹴り下ろす。膂力に勝るアメリカ兵相手に、日本軍兵士達はその獰猛で敏捷な戦士ぶりを遺憾なく発揮しながら、血しぶきを大地に染み込ませて戦い続けた。

乱戦の渦中に巻き込まれた戦車は、敵味方入り乱れての混戦に機銃掃射もできずに立往生していた。その様子を見て取った大場伍長は、大きく息を吸い込むと戦車に走り寄り、棒地雷をキャタピラに挟み込むようにして押し込んで自分もろともに起爆させた。

キャタピラが切れた。薄れゆく意識の中で、島の子供にあげたブリキの戦車が大きくなって自分の方へ走ってくるのを大場は見た。ハッチを開けて嬉しそうに満面の笑みを浮かべながら上半身を出して手を振っているのは弟だった。大場伍長は、もう暑さも痛みも敵への怒りさえも感じなくなって、安らかな微笑みを浮かべたまま事切れた。

敵の随伴歩兵は全滅していた。戦車がキャタピラを切られて行動の自由を失っているのを見た青山少尉は、手榴弾を両手に握ると車体に飛び乗り、拳銃を手にしてハッチを開けて出てこようとした戦車兵を蹴り落とすと安全栓を抜いて二個とも戦車内へ投げ込みハッチを閉めた。

こもった悲鳴が聞こえると鈍い爆発音が響いてハッチが跳ね上がり、戦車のエンジンが停止して静かになった。

息を整えた少尉が車体から降りて周囲を見回すと、血溜まりにうつぶせになっている大場伍長が真っ先に目に入った。敵味方の死体が散乱する中で、まだ息のある敵兵が二人、激しくもがいている。一人は斬られた首筋から大量の血を噴き出させ、もう一人は裂けた腹から腸を長く地面に垂らしながら蒼白な顔色で呻いていた。

少尉は足元に仰向けに倒れている敵の下士官からトミーガンを拾い上げると、目の前でもがいている二人がどうにも手の施しようがないのを見てとって、それぞれに一連射ずつ銃弾を浴びせて瞬時に送ってやった。助かる見込みもなく長くもがき苦しむのを見るのはいくら敵でも忍びなかったからだ。

もう動く者は誰一人いなかった。眼球が何個か転がっている。ちぎれた腕が切断部からまだ血を流しながら落ちている。大きく裂けた腹から、青白く見える腸が渦巻くように流れ出している。見開かれたままの黒い瞳、青い瞳。血糊に染められた金色の髪と黒い髪。まるで地面に座り込んだように力尽きている敵兵のうなだれた首筋には、深々と銃剣が突き刺さっていた。銃の台尻で顔を無惨に打ち砕かれた兵士がいて、ようやく口と判別できる部分から真っ白な歯がきれいに並んでいるのが見えた。部下達も敵兵も、むごたらしい様子であちこちに倒れていた。

少尉は敵兵の一人から折りたたみ式のスコップを取ると身につけた。白兵戦で敵の喉笛を切り裂いたり、顔面に斬りつけるのに何よりも役立つ武器だ。日本軍よりも強力な手榴弾も数発を懐に入れ、トミーガンの弾倉を集めて弾帯に取り付けた。

腰の水筒を探るといつのまにか無くなっていた。うつぶせに倒れている敵兵の腰から水筒を抜き取ると栓をはずして一息に飲み干した。

「誰か生きている者はいるか?」少尉は大きく息をつくと、動かない敵味方の兵士達に声をかけた。重くて暑苦しく血生臭い風が周囲を吹き抜けていき、戦車のハッチからは煙が細く立ち上っている。僅かに人の焼ける臭いとガソリン臭が入り交じって、先に火炎攻撃で潰された洞窟陣地の方角から流れてくる。

対戦車砲があれば……少尉は思った。わが方に歩兵用の肩撃ち式対戦車砲さえあれば近接してからも簡単に負けはしないのに。

「大場も死ななくてもよかったのにな」憮然とした表情を浮かべて少尉は呟くと、死者達の群れから離れて、この戦闘で最初に狙撃を開始した洞窟陣地へと歩き始めた。

*

島の夕暮れが迫る中を、青山少尉は激戦後の各陣地を回ってみた。どの陣地も、黒く焼け焦げた死体が散乱して目を覆うばかりの惨状だった。ほんの数日前まで、少尉が故郷の話を交わしていた若い兵士達が、みんな黒焦げになってむごたらしく死んでいた。中には、虚空をつかむように両手を突き出したままで固まっている死体もある。軽機関銃の引き金に指をかけたままの姿勢でこと切れている若者の姿もあった。また、負傷兵をかばおうとしたのだろう、担架におおいかぶさるように倒れている兵士もいた。

亜希子、ここはまるでダンテの地獄篇のようだよ。僕の中で祈りは湧いてくるけれど、聖母マリアはとりなしてくださらないのだろうか？　亜希子、こんなめに君をあわせるわけには絶対にいかないよ。日本中がこんな光景に溢れるようになったら、今ここで死んでいった若者達はいったいなんのために倒れたのかわからなくなる。ひどい匂いだ。人が焼けて、くすぶって焦げていく匂いだ。

亜希子、これは義務なんだ。僕が果たさなければならない義務なんだ。でも、祖国への忠誠と義務とは、なんと多くの血潮を要求するものなんだろう。目の当たりにすれば気が狂いそうになってしまう。

混乱してはいけない。そう少尉は思った。落ち着いてすばやく現状を掌握して、事後の行動を準備するんだ。僕は将校なんだぞ。ここで取り乱したら、あんなにまで慕ってくれた部下達に笑われる。合流して再編成した連中も、みんな気持ちのいい若者達だった。大場もよく全員をまとめてくれていた。裏切るな、彼らの信頼を裏切るな。僕の短い軍人生活に、主なる神は最高の部下達を与えてくださった。感謝しろ！

「主よ、どうか御許に召された若者達を抱きしめてください。みな祖国のために一人残らず勇敢に戦いました。どうぞ貴方の豊かな慈しみと尽きることのない御恵みのうちに彼らを憩わせてください。召されました時の激痛と哀しみをお癒しくださいますように。主よ憐れんでください。主よどうか彼らをおおいなる憩いにつかせてください。全知全能なる主よ私の愛する主よ私を愛してくださる主よ。我らを貴方の栄光がとこしなえに光り輝く至高天の聖なる場へと誘いたまえ。主よ、主よ、我らはこの耐え難い試練の時にあってもなお、永久の愛である貴方を誉め讃えます。貴方は愛です。世の始まりから湧きいずる泉のように豊かで尽きることのない愛です。主よ、どうか私に残された責務を最後まで果たさせてください。私が祖国への忠誠を尽くせますように。そしてどうか主よ、愛する亜希子をお守りください。私の死をもって亜希子の生を贖ってください。私の命を亜希子のために、そして亜希子が住む愛する祖国の未来のためにお使いください。主よ私は追いつめられた自らを護るためと、植民地として苦しんできた亜細亜を解き放つために立ち上がった祖国日本を心から誇りに思います。人が人としてあるために、数百年間も白人達から家畜のように虐げられていた人々に戦いの術を教え、共に泣き、共に学び、共に笑った祖国日本は間違っていなかったと思います。たとえ彼らの物量に圧倒されて日本が敗れ去る時が訪れましても、主よ、わが祖国が亜細亜に上げた狼煙はもはや消えることはないでしょう。ひとたび人間としての誇りに目覚めた人々は……そうです、数百年間も白人の奴隷だった人々は、肌の色や目の色、生まれた場所で人が人としての扱いを受けられない世界をもう二度と許しはしないからです。それは、自らが造られたすべての人間を愛したもう貴方の御心に絶対にかなうことだからです。貴方は人が人を虫けらのように殺し、犯し、家畜として扱うことを許されない御方です。ですから、我らの戦いは聖なる戦いなのです。どうか、人間として許されない残虐な桎梏から奴隷の民を解き放つための日本の戦いを、貴方があらかじめお決めになる時を経て成就させてください。我らの命をそのために用いてください。我らに、そして、我らの後から生まれてくる人々に、主よ、貴方がお示しになる尊い平和の使命を引き継がせてください。我らは武器を執って立ち上がりました。それは、時代と歴史が祖国に課した尊い使命でした。虫けらのように殺されていく人々を見殺しにしなかった祖国を誇りに思います。貴方の御心にかなう働きをすべく、渾身の勇気と忠誠を祖国に捧げようと雄々しく戦う日本を誇りに思います。どうか主よ、私が御許に召されますその時まで、力を与えたまえ」

洞窟陣地内で跪いて祈っていた少尉はふらつきながら立ち上がった。

死に満ち溢れた静寂が周囲を包んで、洞窟を吹き抜けていく風が死臭を僅かずつ吹き払うように思えた。

いまさらのように少尉は体の芯から深い疲労を覚えて、身に着けた装備を日常の数倍もの重さに感じた。

大場はなぜ追及してこないんだろう？　ぼんやりと少尉は思ったが、切れたキャタピラの横に出来た血だまりにうつぶせになっていた彼の姿を見たのは貴様自身だろう？　と、もう一人の自分がたしなめるように言った。

俺以外は全員戦死だ。敵も味方も一人残らず。

もう誰も動かなかったじゃないか。見込みのない重傷で長く苦しむと哀れだと思った敵兵二人を、拾い上げた自動小銃の一連射で送ってやったのは俺だ。

目玉が何個か転がってた。ちぎれた腕がくすぶってもいたし、キャタピラに無惨に潰されて平らになった頭もあった。散らばった臓物に、仰向けに倒れた首のない体。無造作に投げ出されたような一本の足。

もう神経がまいりそうだ。

まいってどうするんだ？　そんなことが許されるか？　おまえはさっきなんのために祈ったんだ？　考えが堂々巡りをするようでどうする！

そんなことで将校といえるのか？

敵の活動が活発化しない時間帯に、なんとか友軍と合流して中央高地帯への敵進撃を一日でも遅らせる態勢をまた取らないといけない。

今、自分が果たさなければならない責任だけを考えろ。落ち着いて、気持ちを整理して立て直すんだ。ふらつくな！

「しっかりしろ、青山少尉」少尉は声を出すと、あらためて二度ほど足を踏みしめてから、手にした銃を握り直して目の前に累々と横たわる黒焦げになった兵士達の死体に目を据えた。

みんなの死を無駄にはしない。もう一泡アメリカに吹かせてやるぞ。そう簡単にはこの島を渡しはしない。

振り向くと少尉は連絡道へ向かって力強く歩き始めた。

第九章　逆上陸

パラオ本島の司令部では逆上陸の可否が検討されていた。兵力の逐次投入は、各個撃破を招くだけであり、空と海を支配されている現状では無駄であるとの中川地区隊長からの打電もあったし、今後予想されるパラオ本島への上陸戦に備えて主力を温存しておきたいとの意向もあった。

何よりも、人間機雷として敵の心胆を寒からしめた糸満兵達の壮絶な水上特攻以来、敵の水上艦艇群の警戒ぶりは厳重で、その中を多数の逆上陸部隊が潜入していくのは到底困難と思われた。

しかし、地区隊の士気高揚も考え、結局は歩兵第十五連隊から一コ大隊を増援することが決定され、ペリリュー島の陣地構築支援経験があり、地形にも通じている飯田少佐率いる八百三十名の大隊に白羽の矢が立った。

飯田大隊の佐伯忠邦中尉は満を持していた。パラオ本島で訓練に励みながらも、すぐ近くのペリリュー島で敢闘している、極寒の支那大陸で共に苦労した上官や部下達を思うと気が気ではなかったからだ。

特に同じ幹部候補生出身の将校である青山少尉とは、学生出身同士ということもあり、自由時間には階級の差も忘れて一緒に学生へ戻ってしまうような気の置けない仲だった。

飯田大隊編制にあたり先遣隊を命ぜられた中尉は、雨注する銃砲弾をかいくぐって絶対に上陸を果たして地区隊を救援するぞと元気いっぱいだった。

六月初旬から一ヶ月間をペリリューでの築城支援に費やし、サイパン陥落と共に本島へ涙を呑んで引き上げたのだったが、今こそ救援隊としてあの島へ戻れるのだ。

ペリリュー北方十キロ余りの三ッ子島には以前から舟艇基地が構築してあり、逆上陸先遣隊としての準備は完整した。あとは本島のアルミズ桟橋を勇躍出動して、本隊の先駆けとして見事に上陸を果たすのみだった。

大発動艇五隻に小発動艇一隻、軽六隻に二百五十名を数える兵士達が砲や弾薬類を満載して乗り込み、海軍のパイロット（水先案内人）を先頭にして闇に乗じて逆上陸先遣隊の任を果たす計画だった。

満潮時に前進し座礁を避ける。絶対に敵に捕捉されてはならない。増援が決定された以上、成功はペリリュー地区隊の士気高揚のため、持久力の増加のためにどうしても必要だった。

失敗は許されない。

先遣隊の士気はいやがうえにも高まるのだった。

武器弾薬の舟艇への集積と積載や、装備点検と補修に集中する間にも、ペリリュー方面へ定期便のように殺到する敵機と、殷々と砲声を響かせる艦砲射撃は、先遣隊将兵達の胸を抉った。

一刻も早く上陸して敵に一泡吹かせてやりたい。一人で十人を道連れにして多くの出血を強要したい。戦友達の喜ぶ顔が早く見たい。

逸る気持ちを懸命に抑えながら、佐伯中尉率いる逆上陸先遣隊は、最後の装備点検と進入路研究に余念がなかった。

佐伯は、敵上陸以来わが方が被ったであろう甚大な被害を思った。局地逆襲は無念にも失敗し、飛行場は敵手に落ちた。これからは、ともかくどれだけ長く持久できるかだろう。

司令部での幹部教育で徹底されたのは、サイパンなど直近の戦訓を生かし、大規模で過早な夜襲による全滅は避けて、砲迫も空爆も敵味方が近接して使えない状況を作り出し、小人数での執拗な襲撃を反復しながら敵に執拗に出血を強要し続けることだった。

決して金持ちの戦いではない。海からも空からも、見るべき支援はほとんど期待できないなかにあって、ほんの一時でもフィリピンへの来襲を引き延ばし、ひいては本土への上陸を可能な限り阻止するための苦肉の戦法だった。

それしかなかった。与えられた状況がそうならば、知力、体力が続く限りは懸命に敵を倒し続けるしかない。

まるでこれは、いつか青山に聞いたゴリアテとダビデの戦いのようだ。佐伯は、物静かな様子で、その女性的な細くて長く美しくさえある指先に煙草をくゆらせながら、旧約聖書の世界を話してくれた青山少尉の風貌を眼前によみがえらせながら思った。

羊を追う杖と革製の投石機しか持たなかったダビデを、ペリシテ人の巨人ゴリアテは嘲笑ったのだったが、主なる神の加護を受けた青年ダビデの一撃は、敵軍が拠り頼む強大な戦士を地に這わせ、ヘブライの戦士達に勝利をもたらしたのだった。

北米大陸の先住民であったインディアンを情け容赦なく追いつめて大虐殺し、日本との親交を願い保護を求めていたハワイの王国を狡猾に略取し、スペインに無理無体に戦争を仕掛けてフィリピンを奪い取った二十世紀のゴリアテは、その獣欲に満ちた巨大な手を東洋の灯台である大日本帝国に向けて伸ばしてきた。

はたして、この貪婪さをほしいままにする民族差別主義者の巨人の眉間に、ダビデが放つ渾身の一撃は命中するだろうか？

肌の色が違うだけで、人間を虫けらのように殺して恥じない奴らに思い知らせてやらなくてはならない。非情に、そして無慈悲に踏み潰されてきた人間達がどういった気持ちで累々と続く屍を悲しみの道に積み重ねてきたかをどうしても考えさせてやらねばならない。

必要なことだ。これからも続いていく人類の歴史にとって。

この戦争もいつかは終わるだろう。

将来、人類がこの大戦争を振り返った時に、何百年もの長い間、人を人として扱わなかった傲慢で下劣で品性に欠ける卑しい野蛮な連中に対して、哀しみや無力感を乗り越えて渾身の勇気を振り絞って立ち向かった民族がアジアにいたことを思い出すに違いない。

事ここに至れば、もはやそう信じて後世の観客の目を意識した振る舞いに徹するしかない。欧米列強の前に勇を振るって立ちふさがった日本がいたことは、必ず世界中で永遠に語り継がれていくはずだから。

俺達は、今から永久の伝説になりに行く。

青山、そうだろう？　貴様もそう思うだろう？

佐伯は、これから救援に赴く激戦の島で安否がわからない友に胸の奥でそう問いかけた。

出撃の時が迫っていた。

＊

昭和十九年九月二十二日の二十二時三十分、先遣隊は福井連隊長以下の見送りを受けてアルミズ栈橋を勇躍進発した。

兵士と装備を満載した舟艇ではフルスピードはとても出せないが、まるで先遣隊の闘魂が乗り移ったかのように各艇のエンジンは軽快な唸り声を上げ始めた。

月が雲間に見え隠れしながらついてくる。潮の香りが鼻先をかすめて後ろへと飛び去っていき、時折バウンドするように上下する舳先からは、飛沫が兵士の軍服を濡らして飛び散った。

アラカベサン島北西端、パラオ港、ウルクタープブル島、マカラカル島西側を順次通過して、三ツ子島を通過したのは二十三日の午前二時になっていた。

ゴロゴッタン島にさしかかったところで指揮艇が座礁し、四十分ほど離礁作業を実施して再び前進を開始、ガラカシュール島西方のペリリュー進入水路を経て、ペリリュー島北端のガルコル栈橋を目指して一路エンジン全開で進んでいった。

友軍の水上偵察機らしき小さな機影が二機、ペリリュー島目指して飛んでいくのが見えた。本島に温存するなけなしの航空兵力で夜襲をかけるのだろう。佐伯中尉以下二百五十名の兵士達は、攻撃成功を南の夜空に心中深く祈った。

満載した装備が時折ふれあう金属音と、エンジンがあげる唸り声以外は何も聞こえない指揮艇の中央部で佐伯は前方に目を凝らしていた。海面を光の帯が接近してきては離れていく。夜光虫だろうか？　まるで俺達を目標へと誘導してくれるようだ。極寒の大陸で共に苦労した戦友達が、早く傍に来てくれと招いている気がした。いったいどのくらいの戦友達が鬼籍に入ってしまったことだろうか。敵の叩き込んできた艦砲と空爆は凄まじかった。あの島はどんな姿に変わってしまったのだろう？

行けば総てがわかる。ともかく、どんなことをしてでもたどり着かねばならない。

「ガルコル栈橋まで概ね二キロ地点！」パイロットが叫んだ。その声とほぼ同時に、ガラカシュール島方向から敵艦艇の猛射が始まった。発見された！　ここを全速で振り切らねば。艦砲や機関砲の射弾が曳光しながら集中してきて、あちこちで水柱が上がり海が泡立つ。先遣隊はぜがひでも突破しようと歯を食いしばった。

各艇のエンジンは唸りを増しながら、喘ぐように上下する艇体を必死で支え前進させるように思えた。

兵士達は、各自が武器を握りしめて低い姿勢を取りつつ、ひたすらガルコル桟橋にたどり着くのを待った。この位置と距離から発砲しても意味はない、ここは耐え忍んで桟橋達着を待つしかなかった。

「上陸地点は近いぞ。卸下《しやか》に備えろ！」佐伯は声を限りに何度も叫んだ。叫びながら、部下ばかりでなく自らをも同時に鼓舞しながら。

目標の桟橋が夜明けの海に突き出しているのが見えてきた。硝煙の匂いが風に乗って兵士達の鼻孔をくすぐり、潮の香りと混じり合って各舟艇の周囲を満たし始めた。

あと少しだ。あと少しで全艇が沈められずに装備を陸揚げできる。

明け方五時を二十分ほど過ぎようという頃、被弾した艇もなく先遣隊はガルコル桟橋に到着して上陸に成功した。

時を移さずに装備品と物資の卸下を終えた直後、空を引き裂くような爆音が迫ってきて敵機の空襲が始まった。豆を炒るような激しい銃撃音が耳を圧して、瞬く間に十名を超える兵士達が無念にも倒されたが、弾け飛ぶように散開した兵士達は空への応射を繰り返しながら犠牲を極力少なくするように努めた。

やがて敵機は去った。佐伯中尉は、各級指揮官を通じて全隊を掌握すると、中央高地帯の大山陣地を目指して移動すべく分散待機を命じた。

翌朝までには中川地区隊長の指揮下に入らなければならない。兵力を温存して食事と休養を取らせて、油断なく前進しなければ。

佐伯は、焦げたヤシが散在する変わり果てた島の様子を見ながら、上陸成功の安堵感に浸る間もなく任務完遂を心に誓った。

先遣隊の士気は極めて旺盛で、遺体の収容と負傷者の手当を機敏に処置しながら、闘志を漲らせて各自が警戒と装備点検の任に就いていた。

＊

先遣隊が中川地区隊長の指揮下に入ったとの報を受けてパラオ本島の司令部は沸き返った。

飯田大隊主力は二十三時二十時三十分、総員百四十七名の兵力でアルミズ桟橋を出航した。ラッパによる君が代吹奏と共に宮城遥拝を行っての進発だった。

南征一心大隊長と墨痕鮮やかに記された白だすきを背に、飯田少佐は第二艇隊に大隊本部と共に位置した。

昨夜来の先遣隊通過で、敵はガラカシュール島付近の艦艇群を中心にして警戒を強めていた。アラカベサン島やアイミリーキなど各所からガルコル桟橋を目指して分散進発していた各艇隊も、それぞれ敵の警戒網をかいくぐっての上陸を目指していた。

第二艇隊は三ツ子島を通過する頃から多量の照明弾の照射を受け始めて前進が停滞するようになり、ついにはガラカシュール島付近で全艇が座礁してしまったが、飯田大隊長以下、泳ぐか徒歩で上陸を目指し懸命の努力を続けた。

敵は水陸両用戦闘車を前進させて、探照灯で逆上陸部隊を捕捉しつつ猛射を加えてくる。艦砲もまた激しい砲撃を浴びせてきて、一瞬にして空中に砕け散っていく将兵が後を絶たない。先頭を切って上陸を果たした飯田少佐は、後続の部下達が応戦もかなわずに海に散っていく様子を断腸の思いを噛み締めながら見つめていた。

実際、座礁してしまった艇からなんとかして貴重な砲や弾薬を卸そうとすれば、それは格好の射撃目標となってしまうのだ。

重たい兵器を艇から卸そうとすれば勢い兵士達の姿勢は高くなる。高くなれば的としてのシルエットが大きくなり、敵弾の命中率も増してしまう。

弾着音が次々と響いて、バタバタと兵士達はなぎ倒されていく。短い叫び声を上げ、あるいは無言で、海中に倒れ付して動かなくなっていく。

珊瑚礁の上で重傷に呻き声を上げながらのたうつ兵士に追い打ちをかけるように、兵士周辺へ艦砲の着弾が数発続いて、見る間に粉微塵となって肉片を海へ撒き散らしていった。

たまりかねた将校が「卸下はよいから体ひとつで上陸せよ！　離脱せよ！」と声を限りに叫んでも、速射砲一門、重機関銃一門が、上陸後の敵撃破に必ず役立つと信じる兵士達は容易に諦めなかったのだった。

小銃で数発を敵の方向へ撃ち返した兵もいたが、すぐに効果がないことを覚って卸下作業に戻った。実際に何か反撃したくてしょうがなかったが、携行している手持ちの火器ではどうしようもなかった。

ペリリューだけではなく、ガドブスやコンガウルへとりあえず前進を図った部隊もいたが、泳げない兵士は無念にも溺死していき、珊瑚礁を伝いながら走って上陸を試みようとする者達へは、容赦なく雨注する銃砲弾が見舞った。

鼓膜が破れるほどの轟音が間断なく響いて、ついさっきまで傍にいた戦友がいつのまにか消え去っていく。必死で引いて搬送していた自動砲や速射砲が粉々に破砕されていく。動けなくなった大発動艇めがけて砲火がくどいほどに集中されて、艇は原型をとどめないほどに破壊されて海へと消えていった。

座礁したままの舟艇付近のリーフは血糊で真っ赤に染まり、砲弾が命中すると砕け散った舟艇の破片が海面を漂い始めた。舟艇に積載された弾薬が誘爆を次々に起こしては戦死者が増えていく。巨人が浴びせかけるシャワーのように勢いよく伸びて集まってくる曳航弾の光が兵士達の体に吸い込まれると、無惨にも引きちぎられた体が辺りに飛び散った。

小銃では射程が違い過ぎて応射できず、撃ってくる敵に届く火器は手元にない。混乱の中でやっと卸した積載砲の発射準備はとてもできない。そんななかで、やや平らになったリーフに自動砲を一基据えると、懸命に射撃準備を始めた一群の兵士達がいた。

指揮する下士官が指さす方向からは、先刻から容赦ない射撃を加えてきている水陸両用車が四両、排気音を上げて立往生する兵士達に迫ってくるのが見えた。早くも車載機銃が撃ち始めて自動砲の周辺で小銃を構える兵士達が倒れていく。刹那、自動砲の発射音が響いて先頭の水陸両用車の前進が止まり、乗員が車外へ我先にと飛び出すのが見えた。

続いて発射、連続して発射。思いがけない反撃に四両は立往生し、キャタピラを切られて動けなくなった。

今度は小銃の射程内だった。散開した兵士達のすばやい的確な狙撃で敵の乗員が折り重なって倒れていく。自動砲の指揮を執っていた下士官は猛然と駆け出すと逃げ遅れた敵兵に激しく体当たりを食わせ、倒した敵を銃床を振りかぶって何度も何度も殴りつけて殺した。敵の目玉が飛び出し、鼻が砕け、息が絶えても、まるで何かに憑かれたように雄叫びを上げながら渾身の力で殴り続けた。さっきまで目前で屠殺同然に殺されていった可愛い部下達への思いがそうさせたに違いなかった。

慌てて背中を見せて駆け去ろうとする敵兵を、軽機関銃の射弾がなぎ倒し始め、擲弾筒の一撃が背後から襲った。手榴弾も後を追う。逃げ遅れてもがく敵の喉笛を銃剣が貫き通してとどめをさした。

ハッチを開けたままで放置されている水陸両用車へ乗り込んだ一人の兵が、方向転換をさせると車載機銃を敵艦艇群へ撃ち始めた。気づいた敵も応射して、泡立つような血生臭い海は曳光弾の光の帯がめまぐるしく交差する激戦場となっていった。

無念にもなぎ倒された兵士達のちぎれた体が浮き沈みをしながら海面に広がっていく。ペリリューまであと僅かの距離となった浅い海は、たちまちのうちに惨鼻を極める修羅場と化していった。

ひっきりなしに打ち上げられる照明弾の照らし出す海は、まとわりつくように逆上陸部隊の姿を格好の射撃目標として浮かび上がらせ、前夜から警戒を高めていた敵の砲手達は、ここを先途と砲身や銃身が焼けるまで撃ちまくった。

阿鼻叫喚の地獄図がそこかしこで現れ、ペリリューの土を踏みしめる前に、逆上陸部隊総員の約半数近い四百名ほどの兵士達が、敵の一方的な射撃の的となって尊く砕け散っていった。

司令部の出発時刻の設定が部隊規模に比して遅すぎ、干潮に早く出くわしてしまい座礁が続いたこともあった。海軍の水先案内の致命的なミスによる誤誘導による時間の空費も重なった。しかし何よりも、逆上陸作戦自体に無理があったのは否めない。発見されて遠戦火力で叩かれた際に、これを撃ちすえるための長い槍が日本軍には皆無だったのだ。制空権もむろんなく、短時間だけでも敵艦艇群の注意を逸らして引きつけてくれる支援機すら一機もいなかった。

兵力を小出しにしては、その都度各個撃破されるという、日本軍全体を覆っていた通弊がここでも現れた。これは末端の部隊ではいかんともしがたい思考法であり、各方面の日本軍が強いられた犠牲は非常に大きかった。

二十四日の夜までに飯田大隊長は半数に激減した配下部隊を掌握し、北部地区から接敵を続けながら三日間を費やして中川地区隊長の指揮下に入った。

指揮下の砲兵は敵戦車隊と遭遇してしまい、対戦車戦闘でほぼ全滅を余儀なくされたが、生き残った兵士達は強靭な精神力を発揮して粘り強い戦闘を継続しつつ、任務完遂に気力体力の限界を超えて尽力していった。

増援到着を受けて、地区隊の各陣地の士気はとみに上がったが、逆上陸作戦の犠牲はたいへん大きかったのである。

第十章　高砂族の閃光

上陸後まもなく米軍に奪取された飛行場は、日本海軍が使っていた観測所に星条旗が掲げられ、夜間戦闘機の発着も始まっていた。

逆上陸を果たした飯田大隊も、盛んに夜襲をかけて糧秣庫を襲うなど戦勢を転換させようと力闘を続けていたが、敵の強大で濃密な火力構成に跳ね返されて無念にも成功を見ないでいた。

その頃、台湾高砂族出身者で編制された花蓮空挺隊がフィリピンを秘かに飛び立ち、敵の目をかいくぐってパラオ本島へ到着していた。

日本人を指揮官とするが、他は全員が高砂族出身の優秀な兵士達で編制された花蓮空挺隊は、早期に奪取されたペリリュー飛行場を再度奪還して、奪い取った敵戦闘機を駆って周辺洋上の敵艦艇群を撃沈する作戦を立てていた。

空挺隊はグラマンＦ６Ｆを始め、敵がペリリューで使用している機種を調査し、操縦法を会得しており、強行着陸で滑り込んだら、破壊班と奪取班に分かれて迅速に任務を遂行することになっていた。

模擬の機体を使っての吸着爆薬を使った爆破訓練や、奪った敵機の操縦法演練に余念がなく、米軍の装備品に通暁した兵士達が高い練度を発揮して訓練に励む様子は、一撃での戦勢転換に希望をつなぐものであり、周囲がかける期待は大きかった。

南方戦線全域での、特に高地や密林戦で彼ら台湾出身者が果たした役割は大きく、その卓抜な能力と忍耐力、旺盛な戦意と強靭な精神力のおかげで命を救われた日本人兵士は枚挙に暇のないほどだった。

糧食の確保からジャングルでの確かなサバイバル術、個を捨てて全体に尽くす旺盛な責任感と戦友愛、優れた兵士として大東亜解放の熱意に燃えた台湾出身兵士達が、戦線の随所で発揮した崇高な自己犠牲の精神は、日本軍の一翼を担って余りあるものがあったのだった。

花蓮と名付けられたこの空挺特攻隊もまた、台湾出身者の優秀さと気高い戦意を遺憾なく発揮して、ペリリューの敵の心胆を寒からしめるだろうことを、上級司令部は信じて疑わなかった。

出撃は薄暮、海面近くを超低空で這うように飛行して日没と同時にペリリュー飛行場へと殴り込み、敵を大混乱に陥れて駐機を爆破、あるいは奪い取り、周辺艦艇群へも大打撃を与えようというもので、特別攻撃隊の士気は旺盛だった。

出撃を待つ間、各自は身辺整理や、これが最後となるであろう手紙を書いて過ごした。おそらくは最後となる地上での食事を終えてから、いくつかの輪ができて常日頃と変わらず談笑している隊員達の姿を見た機付整備兵達は、何か神々しい清々しさを感じて思わず身の引き締まる思いがするのだった。

航空糧食を世話になった整備兵へ、手渡す隊員や、手持ちの現金を握らせて微笑む隊員がいた。

あちこちで、互いに身につけた装備をもう一度確認しあいながら、彼らは集合がかかるまでの時間を溌剌とした爽快感を周囲に漂わせて過ごしていた。

いつしか出撃予定時刻がやってきた。思い思いの休憩を終えた隊員達は部隊編制毎に集合した後、日本人指揮官の簡潔で力強い訓辞を聞き、遙かに宮城を遙拝すると見送りの列に笑顔で敬礼を送って各自の搭乗機へと駆け足で散っていった。

エンジンが起動され、見る見るうちに活気が飛行場に満ち溢れた。迷彩を施された一式陸上攻撃機の五機編隊は、列線から指揮官機を先頭に次々と離陸準備に入り、淡く降り注ぐ夕暮れの月光を浴びながら一機、また一機と舞い上がっていった。

洋上に出てまもなく、一機がエンジン不調で出力が上がらなくなり引き返したが、四機は単縦陣を崩さず、まるで波しぶきが翼を洗うかのような匍匐飛行を続けた。

ガラカシュール島やゴロゴッタン島方面の艦影が動き、探照灯が夕焼空に交差し始めた頃には、四機は既にペリリュー島への進入を開始していた。

見慣れぬ機影を訝しんで見上げる飛行場の米兵達を次々と搭載機銃の掃射でなぎ倒しながら、高らかに突撃ラッパを吹き鳴らして指揮官機がまず胴体着陸の態勢に入った。列機も次々と舞い降りようとする。着陸はみごとに成功して、開け放ったドアから屈強な高砂兵達が弾け飛ぶように地上に降り立った。

軽機を腰だめで撃ち始める者、敵機に二名ひと組で駆け寄り吸着爆薬を仕掛ける者、擲弾筒を発射する者、手榴弾を一斉投擲する者達、今まで搭乗していた機体を盾にして、集中してくる銃撃との激しい交戦が始まった。

米兵は混乱しながらも、事態を飲み込むと必死で散開して応戦を始めた。バズーカ砲を発射しようとする米兵を発見した一人の高砂兵が、すばやい騎銃の狙撃で撃ち倒した。無反動砲を搭載したジープが慌てて動き始めると、すぐに空挺隊指揮官機の機関砲が猛り狂って、上陸当初に日本軍戦車隊を屠った兵器を横転させ破壊した。

二機の夜間戦闘機グラマンＦ６Ｆを起動させた高砂兵達は、銃弾が飛び交う飛行場を尻目にペリリューの夜空に舞い上がっていった。

飛行場のあちこちで吸着爆薬が轟然と炸裂して敵機を破壊していく。そこかしこに倒れた米兵や友軍兵士の体を掩体として軽機関銃や擲弾筒を据え付けた空挺隊員達は、猛烈な射撃を包囲してくる米兵に浴びせかけた。

とっさに燃料補給車に飛び乗ると、銃列を布いて撃っている米兵達を片っ端から跳ね飛ばしていく隊員もいる。

夜に入ってから盛んに上空に打ち上げられ始めた照明弾の青白い光が、壮絶な戦闘の場となった飛行場を照らし出していた。

燃え上がる飛行機の紅蓮の炎を背景に、弾けるような銃声と敵味方の喊声が轟いて、飛行場を狂熱が支配し、殺戮の嵐が荒れ狂った。

肉弾戦となれば高砂兵が携行する蛮刀がすさまじい切れ味を見せ、組み付いた米兵の体を次々に切り裂いていった。まるで意志を持っているかのような蛮刀が一閃する時、米兵の首筋は切り裂かれ、喉笛は突き通され、頬や腹は串刺しにされた。

組み合えば自動小銃など何の役にも立たない。夜空からの照明弾や火災に照らし出される大きな米兵のシルエットは格好の目標となって、機敏に鋭く操られる蛮刀の餌食となった。

混戦の間隙を縫って、一個分隊、十名ほどの高砂兵が、米軍が司令所として使っている海軍の通信所跡の建造物へと殺到していった。

出会い頭に数名の米兵を殴り倒して昏倒させると銃床の一撃でとどめをさし、通信機を操作していた敵兵達を横になぎ払うような軽機関銃の一連射で倒した。

部屋の一角にバズーカ砲と砲弾が置いてあるのを発見した兵士達が、拾い上げて二人で携行すると頑丈な窓にすばやく位置した。

先ほどから飛行場に無線で呼び寄せられた敵の戦車が接近しつつあったからだ。思い切り引きつけてからキャタピラを吹き飛ばしてやろうと二名の兵士は戦車のエンジン音が迫る方向へ目を凝らした。

他の兵士達も、各々がたった今倒した敵兵の自動小銃を持ち、あるいは短機関銃を構えて、周囲の警戒にあたった。

青白く照らし出される飛行場は次第に敵影ばかりが目立つようになっていく。多勢に無勢、捨て身の空挺特攻の衝撃もようやく衰え始めて、体勢を立て直した敵は優勢を取り戻しつつあるようだった。

この世の名残にもう一泡吹かせてやるぞ。指揮所を占拠した高砂兵達は思った。押し寄せてくる戦車を撃破して、一定時間この飛行場が使えないようにしてやる。友軍のために、そして、わが部族の武勇を示すためにも。

キャタピラ音が迫ってきて、一個小隊四両の中戦車がやってくるのが視界に入ってきた。射程は概ね三百メートル、このバズーカをお見舞いしてやろう。もう少しこっちへ近寄ってこい！

艦砲にも耐えた形跡がハッキリと残るこの建物なら、ある程度の戦車砲弾なら大丈夫だ。建物後方に出て、しばらく撃たせてから、じゅうぶんに引きつけたうえで撃ちすくめてやる。

そう判断した高砂兵達は、機敏に建物後方へと脱出して身を伏せた。

先頭車を皮切りに連続した戦車砲の激しい砲撃が始まった。被弾の度に、指揮所はコンクリートの破片を飛び散らせ、もうもうと煙を上げはするが、形状そのものが変わることはなく、堅牢な構造と心血を注いだ建築の成果を主張するかのように傲然とした印象で建ち続けていた。

数十発も被弾しただろうか、小隊長車らしき戦車が砲撃を止めると他の三両も停止してハッチが少しずつ開いた。

車長が各自顔を出して互いに目を見合わせている。後方の飛行場では残敵掃討に入ったのか銃声もまばらとなり、方々で上がる火の手だけが天を焦がしていて、夜空からの照明弾と飛行場の火災を背負った四両の戦車群のシルエットは鮮やかに浮かび上がっていて、指揮所の背後に伏せる空挺兵達からは絶好の標的となっていた。

車体前部のハッチも開けられて操縦手までが顔を出した刹那、バズーカ砲の発射音が一斉に轟いて四両はほぼ同時に被弾し、二両は動けなくなり、後退しながら砲塔を動かし始めた残り二両も次々と発射されるバズーカ砲にキャタピラを切られてすぐに動けなくなった。

たまりかねた乗員が車外に飛び出すと、即座に銃声が鳴り響いて全員が撃ち倒された。やや距離を置いて後方から随伴してきていた敵兵達が茫然と見守るうちに、空挺兵達はそれぞれが戦車に殺到して戦死した戦車兵を外へ引きずり出すと、車内へ乗り込んで砲塔を動かし、あるいは車載機銃を操作して、随伴歩兵達への猛射を開始した。

撃ちすくめられた敵兵の一人が周囲の戦友がなぎ倒されていくなかで通信手に大声で叫んだ。無反動かバズーカ、あるいは戦車の増援を要求したのだろう。その様子を見て取った空挺兵が、ハッチから戦車のボディに飛び出して全身を暴露しながら、通信手に繰り返し叫んでいる敵兵を狙撃して撃ち倒した。

まもなく新手が押し寄せるだろう。戦車砲弾と車載機銃弾を撃ち尽くしたら、また車外に出て戦おう。空挺兵全員がそう思いながら前面の敵に集中している隙に、敵の一個分隊がひそかに迂回して指揮所後方へ回り込んでいた。

活発な火点となっている動けない戦車に、すぐ背後の至近距離からバズーカ砲の照準が合わせられた。数名の砲手以外は全員、飛び出してくる空挺兵達を待ち構えて自動小銃と軽機関銃の照準を合わせた。

連続した砲撃音が響いて振動と炸裂が戦車群を襲い、ややあってハッチから飛び出してきた空挺兵達は一斉射撃に撃ち倒された。

急に訪れた静寂……アメリカ兵達は長いこと伏せたまま動けないでいたが、下士官と将校が恐る恐る立ち上がると、機関短銃と拳銃を構えてゆっくりと、戦車群の傍に倒れている日本軍空挺兵達の遺体に近づいていった。

ガサリと動いた一人の空挺兵に、気が狂ったような勢いで機関短銃が乱射された。撃ちこまれる射弾でのたうつように見える空挺兵の体の動きに下士官はますます恐怖して、マガジンが空になってもまだ引き金を握りしめ、近づいた将校に軽く銃身を押さえられるまで茫然と立ち尽くしていた。

まるで鬼神のように戦っていた高砂族の勇者達が、再び起きあがって跳躍し、群がって襲ってくるような気がして、彼はどうしようもない恐怖に突き動かされたに違いなかった。

遺棄死体検索が始まっていた。飛行場の随所にアメリカ兵と日本兵の死体が入り交じって散らばり、まだ動いている者には衛生兵が駆け寄っていき、動かない者には検索の手が近づいた。

時折響く銃声は、たった今まで行われていた殺戮への憎悪と憤激に駆られたアメリカ兵が、まだ微かに息のある日本兵を射殺する時のものだったが、その場によっては衛生兵が手当を必死で施していることもあり、重傷者の扱いは現場の指揮官の人間性によるところが大きかった。

沖合では、奪い取られたグラマンに銃撃を浴びた後で体当たりされた艦艇の燃える炎が夜空を焦がし続け、飛行場では戦場掃除のやりきれない夜が少しずつ進んでいたが、いつまた夜襲されるかと気が気でないアメリカ軍は、ひっきりなしに打ち上げられる多くの照明弾だけでは不安でたまらずに、車両類のライトも点灯したままにして煌々と飛行場一帯を照らし出して夜を昼に変えようとしていた。

まさかここに強行着陸してくるとは……意表を突いた日本軍空挺隊の攻撃に完全に虚を突かれた形となったアメリカ軍の受けた衝撃は大きかった。

撃っても撃っても勇敢に押し寄せてくる敵、もう完全に敗けたとわかっていても絶対に降伏しようとしないファイター達。いったいこれからどれだけの砲弾と爆弾をこのちっぽけな島に注ぎ込んだら奴らを皆殺しにできるというのだろう？

いつになったら白旗を振って出てくる奴らの姿を俺達は勝ち誇りながら見ることができるのか？

煙がたなびく飛行場は、米兵達の心に深刻な不安と恐怖を刻みつけたのだった。

第十一章　ことに十月の風が

中川地区隊長が指揮を取る大山主陣地の司令部へと、大損害を被ってペリリューを去った第一海兵連隊と交替した陸軍の第八十一歩兵師団は着々と包囲網を狭めてきていた。

中央高地帯陣地群に点在する各洞窟陣地内からは、敵兵の姿は見えずに替わりに少しずつ接近してくる砂嚢だけが不気味に迫ってくるようになっていた。

じりじりと接近してくる砂嚢から僅かにのぞいた鉄帽を狙撃手が撃ち抜いた時、横に転がった敵兵の手には長い棒が握られていた。日本兵の的確な狙撃に対抗するために、敵は海岸線近くで砂嚢を多数作って携行することを考えついたのだった。

もう、洞窟外に選定した場所からの迫撃砲射撃は不可能となりつつあった。地区隊は前進してくる砂嚢の群れに手榴弾や火炎瓶を投げるしか方法がなくなりつつあった。

北村士官候補生も青山少尉らと戦闘を続けていた。

当初の部隊とは全員が入れ替わってしまい、生残者を再編した寄せ集め部隊ではあったが、乏しい糧食と弾薬を大切に使いながら、時折ろ獲されてくる米軍の補給物資も活用して、上陸以来うち続く激戦が早くも一ヶ月を数えようとするにも拘わらず、士気は旺盛だった。

北村は、単独で主力を探し求めて懸命に友軍陣地へ復帰して以来、繰り返された部隊再編によって青山少尉と共に戦うようになっていたが、日毎にたくましさを増すような青山の強靭さに内心舌を巻く思いがしていた。

「砂嚢が厄介ですね」

鹵獲品のレーション箱に、トイレットペーパーや煙草までが入っているのに驚きながら、北村は青山に話しかけた。

「奴らも必死だからな」青山は、洞窟の天井部に微かに空いた亀裂から吹き込んでくる南の風を、戦闘帽を取った額に受けとめながら答えた。

奥からは、四肢いずれかを切断して死を待つばかりとなった多くの負傷兵達の呻き声が聞こえてくる。蛆が食い荒らす切断部から漂う腐敗臭と、垂れ流しの糞尿のための悪臭が洞窟内に満ち満ちていて、耐え難い苦痛を兵士達は覚えていた。

「医薬品も来ないし、軍医も衛生兵も不足、たまに来てくれる零式偵察機が落とす物資は敵の近くに落ちてしまって拾いに行くことがとてもできないですからね。まったくいいとこないですよ」

「佐伯中尉が聞いたら近頃の候補生は大胆だなあって目を回すぞ」青山は最近になって大山の地区隊司令部で再会を果たした、逆上陸先遣隊を指揮してやってきた佐伯の表情を思い出しながら頬を緩めた。

まるで弟をからかうような優しさがその口調に現れていた。

中川地区隊長が掌握している残存兵力が千名を切ったと昨日の幹部会同で聞いたばかりだ。新たな血と物資を日々無尽蔵に送り込んでくる米軍とは対照的に、友軍は敵上陸以来ついに万という命を失った。

自らに迫る死の実感は具体的に湧かないとはいえ、彼は常に身近で戦うひたむきなこの若者に強い親近感を覚えていた。

「北村候補生は戦争が終わったら何をする?」

「まず休暇をいただいて鹿児島に帰ります」

「帰ってからは?」

「腹いっぱい食べてから、ゆっくり温泉に入って、思い切り眠りますよ」

「それから考えます。何をしようかなと、休暇が終わるまでに」そう北村がケロリと付け加えると青山は破顔一笑した。

「そうか。じゃあその後で俺と亜希子に会いに来い。紹介してやるからな」

「はい。少尉殿の婚約者とお会いする日が楽しみです」

「と言うよりは、亜希子が紹介してくれる友達が楽しみなんじゃないか?」少尉は楽しそうに言った。

青山は、北村に婚約者である亜希子の友人を紹介すると約束していた。二人共、生還を期し難いのはよく承知していたが、たとえ可能性は無くても将来の事を話題にするのは何かしら気持ちが浮き立つものだった。

二人は兵や下士官達にも努めて快活に声をかけるようにしていた。次第に困窮を強めていく陣地内で、若者達の必死の「痩せ我慢」が続いていたのだったが、青山少尉のロザリオと、北村候補生の白い貝の首飾りにこめられた願いに気づく者は誰もいなかった。

二人に限らず、ここで戦う者達は、それぞれの胸に秘めた願いを表に出すわけにはいかなかった。皆、人知れずしっかりと胸深くに抱いたそれぞれの願いを大切に抱きしめ直しながら戦うしかなかった。

大石を、斜面にへばりついた敵兵達に転がし落とす一団があった。火炎瓶を連続して投げ、体に火が点いてたまらず砂嚢を手放した敵を狙撃で仕留める者がいた。

洞窟内に投げ込まれた手榴弾をすばやく拾って投げ返す兵がいた。布団爆雷に手榴弾を結びつけた物を誘爆させるように転がり落とす者もいた。

しかしいずれも戦況を覆すには至らず、洞窟入口へ集中してくる猛烈な支援射撃を避けている間に燃料ホースの接近を許してアッという間にガソリンを流し込まれ、にじり寄った敵兵が担ぐ火炎放射器に火を点けられて全員が焼き殺される洞窟が相次いだ。

軽機関銃や重機関銃を入口に据えられる陣地は、その活発な射撃である程度は敵の接近を阻止できている場合もあったが、山砲や自動砲はもう無く、総じて地区隊の火力は貧弱になってきていた。それでも兵士達は懸命に狙撃の機会を窺いながら、的確な腕前を発揮して接近する敵兵に出血を強要し続けていた。

島の唯一の水源であったグリントン池の周囲も、鉄条網で囲まれ夜通しの照明で煌々と照らし出されるようになってからは、もはや水を汲みに行くわけにもいかず、多くの日本兵の死体を浮かべたままで放置されざるをえなかった。

米軍のように潤沢な水の補給があるわけではなく、各洞窟陣地内に貯めた腐りかけた水と、ほんのたまにやってくるスコールが岩の割れ目から滴ってくるのを唯一の救いとするしかなかった。いつもの年と違い、この時期にたくさん来るはずの台風もやってこない。水の枯渇は地区隊将兵をさんざんに苦しめた。浴びるほど水を飲み、風呂に入れたらと誰しもが思ったが、とてもかなわぬ夢だった。

北村は、陣地内を巡回する度に増えている冷たくなった兵士達を見る時に、せめて腹いっぱい水を飲ませてやりたかったといつも思った。中には瞼をしきりに動かす兵がいるので思わず顔を近づけて声をかけてみると、内側から蛆が肉を食い荒らしているためだったりした。

すさまじい悪臭と断末魔の呻き声と増え続ける死者。

自らも飢えと乾きに苦しめられながら、恒常的に見せつけられる「死」との格闘を、北村も他の多くの者達と同じように日々懸命に自分を支えながら続けていたのだった。

そんな苛烈な状況の中でも、斬り込み隊は毎夜編制され出撃していた。

夕暮れが近づくと、あちこちの洞窟から「海ゆかば」の歌声が響き始める。歌い納めた兵士達は思い思いに恩賜の煙草をいただき、故郷の話を交わすと、三人ひと組となって陣地を出て、鉄条網と積み上げた砂嚢で幾重にも固められた敵の拠点に向かって勇を振るって攻撃をかけていった。

二度と還らない組が多かった。敵は、夜通し打ち上げる照明弾に加えて、それまでに各戦場で使用していた夜間照準器を多くの銃に装備していたし、ガダルカナルでもそうだったように集音マイクも多く設置していたから、察知されずに敵陣へ接近するのはほとんど不可能だった。

迫撃砲弾が降ってくることもあったし手榴弾の一斉投擲にあうこともあった。叫び声があがると同時に突然に撃ちすくめられて伏せる、伏せれば手榴弾が飛んでくる、たまらず立ち上がればたちまち多くの曳光弾の帯が集まってきて体に吸い込まれていく。

夜間の斬り込みは次第に日本兵の死体の山を築くだけとなりつつあり、敵に出血を強要するどころか、夜ごとに地区隊の命をすり潰していくだけの結果を招くようになっていた。

ごく稀に、敵の警戒線の背後に出られた組もあった。全周防御態勢を取っていない敵陣の虚を突くことに成功した斬り込み隊の中には、銃声を轟かせることなくシャベルと銃剣とで敵兵達を叩き伏せた後で、煙草や糧食を奪い取って帰還してくる者もあり、倒した敵兵の腰の水筒までが貴重な戦利品として戦友達に振る舞われたりした。

丸ごと敵の軍服を剥いで来る者もいて、次の出撃に米兵に化けて出ていくのに役だったりもした。

生還者が続くと、夜間の空襲が激しくなるような気がした。一晩中鈍い振動と音が浅い眠りに忍び込み、いくらもう慣れているとはいっても、それは決して愉快なことではなかった。高地帯の真上に爆弾の雨が降っている間は敵兵の接近はないわけだが、北村の眠りに出てくる敵兵達の姿は日増しにその数を増し、中には上半身裸体のままでトミーガンを撃ちまくりながら突進してくる兵もいて、敵ながら天晴れと舌を巻く思いがして目が覚めることもしばしばだった。

焼米と粗塩の乏しい食事を摂りながら斬り込みから生還した古参の下士官の饒舌についつり込まれて夢の話をすると、彼が本当に上半身裸体の敵兵に遭遇したことがわかって不思議な気持ちに襲われることもあった。

「アメ公にもなかなか勇敢な奴がいると思いましたよ。こっちが撃ちまくってるのに上は裸で突っ込んできやがった」

「あいつらも国のために命を賭けてやがるんですね」下士官はそう言うと、自分が飲んでいた敵の水筒を北村に手渡すと奥へと立ち去った。水はどこかしら消毒液の味がしたが、内蔵に染み渡るほどうまく感じた。

北村は青山少尉にその話をした。彼は膝を抱いたままで黙って最後まで聞いていたが、立ち上がると「白も黄色も同じ人間なのにな。彼らはこれまで傲慢過ぎたから、これからもきっと長い報いを受け続けていくに違いないよ。残念なことだけど」と答えて、命令受領へと向かった。

少尉はきっと「みんな同じ神の子なのに」って言いたかったに違いない……そう北村は思った。キリスト教に接したことはないけれど、青山少尉が信仰しているのなら、そう悪い教えでもなさそうだ。アロウの父親もキリスト教徒なんだろうな。でもそんなに方々に神っているものだろうか？　神は自分を信じる者同士を殺し合わせて平気なのかな？　少尉は周囲から白い目で見られないように、宗教のことをはっきりとは明かしていないけれど、どうしようもない矛盾や煩悶をどう乗り越えているんだろうか？

時間ができたら聞いてみよう、そう北村は思った。時間ができたらだ。この戦争が終わって、時間ができたら解き明かしたいことが山ほどあるような気がした。青山少尉もそう思っているに違いない。もしも時間ができたなら、勉強したいことがたくさん俺にもあるんだから。

＊

「ことに十月の風が……」軍装を整えた青山少尉が小さく呟くのを北村は聞いた。思わず聞近に立つ少尉の瞳を覗き込むようにすると、「好きな詩だよ」と、彼は悪戯っぽく笑った。戦闘帽を被った表情が日頃よりいっそう若々しく爽やかに見えるのを、北村は何か近寄りがたいような思いで見つめた。

青山は、部下の兵士達に今夜の敵への接近経路を静かに下達すると、北村に小さく頷いて踵を返し颯爽と出撃していった。

十月はもうとうに過ぎ去ってしまった。今や近接した箇所では二十メートルほどの至近距離で敵味方は対峙している。上陸以来、二ヶ月半近く経ってもペリリューはまだ落ちなかった。

出撃前夜に、青山はロザリオと軍刀を北村に託した。自分もまもなく続きますからと北村は固辞したが、青山はきれいに髭を剃った秀麗な面持ちに抗しがたい安らかな微笑を浮かべると、何も言わずに北村の手に軍刀とロザリオを握らせた。

北村は、託された品を敵に発見されやすい場所へせめて置きたいと思ったが、一歩出れば先はわからない。かといって、この陣地もいずれ焼き払われる公算は大きい。ロザリオは白い首飾りと一緒に身に付けることにした。軍刀は、万が一の僥倖を願って、連絡に走る地区隊司令部付の下士官に司令部に置くよう託した。

それは十一月中旬の爆撃のない夜だった。島に強い雨が降り注ぎ、岩の裂け目から水が滴り落ちてきて、兵士達は飯盒や水筒に受け、水タンクにしているドラム缶にも汲み入れた。

青山少尉は、発見されることなく降り注ぐ雨の中を敵陣地線の一角にたどり着くと、少し離れてついてきた左右の部下を振り向いてそれぞれ見つめ、前方を指さして小さく頷くと一瞬瞑目した。

『主よ、これより御許に参ります。亜希子、さよならだ』胸中深く祈ると、大きく息を吸い込んでから張り裂けるほどに目を見開いて立ち上がった。

「前へ！」

眼前の砂嚢陣地を乗り越えて躍り込み、あっけにとられている敵を蹴り倒して駆けた。拳銃を発射しながら何人かの敵兵を倒し、蛇腹鉄条網の線に突き当たったところで左右からの機関銃の射撃が一斉に始まり、少尉の体に曳光弾の帯が数本吸い込まれた。

彼は鉄条網にもたれかかるようにして倒れた。一瞬は止んだ射撃が再び始まり、少尉の足元に煙が上がって、跳弾の嫌な音が雨に濡れて湿った周囲の空気を掻き乱す。

手榴弾を投げ込んでから、喊声を上げて少尉に続いて飛び込んだ二人の兵士達へも、左右からシャワーのような銃弾が浴びせかけられた。機関銃の曳光弾もまた幾筋もの帯を蛇の舌のように執拗に伸ばしてくる。

前後左右に激しくのたうち回りながら、二人はまるで天をつかむような仕草を最後に見せると倒れ伏した。

静寂が砂嚢陣地に訪れた。照明弾が打ち上げられる音だけが微かに響くだけで、雨音が控えめに夜の戦場に寄り添おうとしている。

ゆっくりと立ち上がった人影が一人、中腰で鉄条網に近づいていった。敵兵が少尉の体に手をかけて引き起こそうとしたが有刺鉄線が絡まって無理だった。

彼は、周囲に転がった友軍や日本兵の死体と少尉を交互に見比べると、憮然とした表情を浮かべながら味方に手を振って敵兵達の死を告げた。

降り注ぐ雨に打たれて洗い清められた少尉の瞳は二度と開こうとしなかった。

＊

斬り込み隊は帰還しなかった。北村は朝方に僅かにまどろんだ時、青山少尉が枕元にすっくと立っているように感じた。瞳を開けたわけではなかったが、ハッキリとその気配を感じた。

嬉しくなってガバと身を起こすと、傍に腰をおろしていた先任上等兵が「少尉殿は戻られませんでした」と力無く言って背を向けた。

北村は、胸のロザリオを軍服の上からそっと押さえてみた。白い貝の首飾りと一緒に彼の胸元にさがったそれは、時折小さな音を立てた。青山少尉、きっと仇は討ちますからね。自分も最後まで帝国軍人として恥ずかしくない振る舞いを絶対にしてみせますから。

洞窟陣地での日々、あの人が傍にいてくれて良かったと北村は思った。彼は自分にとって、故郷と、まだ見ぬ未来と、果たさなければならない責務の象徴だったような気がする。

たとえ、行くはずだった未来への未練が胸中深くにあったのだとしても、この苛烈な状況の中で彼は最後まで忠誠心と義務感を失わなかったし、周囲への思いやりを決して忘れなかった。

自分にとっては、彼は深々と根を張った立木のような存在だった。たとえ血はつながっていなくとも、まるで兄のように慕えるひとだったから。

双眼鏡を使って敵情を探っていた兵の一人が駆け戻ってきて「敵さんが山砲を上げています」と幹部に報告した。

幹部が再度自ら確認すると、それはパックハウザーと呼ばれる山岳地帯で用いられる軽砲で、洞窟陣地の入口を潰すために敵が搬送してきたものと思われた。

狙撃を試みたが砂嚢陣地の壁は厚く、なかなか効果は上がらない。数門のパックハウザーの猛射が始まると、みるみる入口は崩されて大穴が開き始めた。

北村達は連絡通路を使って地区隊司令部へより近い陣地へと急いで撤退を開始した。手持ちの火器では有効な反撃は望めない。かといって、もうこの位置から斬り込みに出ることもできなかった。

重傷者はとても搬送できないため、心ばかりの水と青酸カリの包みを渡して断腸の思いで残さざるを得なかった。撤退が始まるとすぐに、手榴弾が炸裂する音や、足の指で引き金を引いた小銃の発射音を、北村達は先を急ぐ背中で悲しく聞いた。

移動が完了するとすぐに編制された斬り込み隊を北村は指揮することになった。

命令受領して戻ってくると、急に香月上等兵が懐かしく思い出されたが、二人が離れてから二ヶ月余りしか経っていないというのに、彼と過ごした日々がもう遠い昔の出来事のような気がして北村は思わず胸を詰まらせた。

アロウの瞳もまたありありとよみがえった。海原を渡っていく白い大きな鳥の伝説、彼女が父親にめぐりあえる日が早くやってきますようにと北村は心から祈らずにはいられなかった。

南風に吹かれながら二人並んで座った美しいビーチで、彼女が聞かせてくれたパラオの諺がリフレインした。

「おにいさん、自分の土地で血を流した人とは、永遠の家族になるってパラオでは言うのよ。でも私は、おにいさん達とそんなふうに家族になんかならなくてもいいの」思い詰めたような瞳で言うアロウの口元を見つめながら、北村は優しい気持ちで胸が満たされたのだった。

あの時にビーチに寄せていた波は夢のように美しく透きとおっていて、まだオレンジ色には染められていなかった。

アロウ、約束したとおりに日本軍はアロウ達を守ったよ。島のみんなは生き延びてくれないと、俺達はなんのために戦ったのかわからない。アロウ、俺達の日本が守った大義はね、必ず伝説になるよ。もしもこの大戦争に日本が残念ながら敗れるようなことになっても、俺達が殉じた大義を歴史が覚えてくれている限りは、いつかきっと世界中で、ここで捧げられた命が讃えられる日がやってくるから。

俺はそう信じてるんだ。

だから何があっても、アロウも強く生き抜くんだよ。俺のことを覚えておいてくれ。忘れちゃダメだよアロウ。

いつか銃口に留まっていた鮮やかな蝶を北村は再び見た。地面に置いた北村の拳銃ケースにそれは羽を休めていた。

奪った敵の狙撃銃を構えて洞窟から敵へ狙いを定めていたあの時も、バーミリオンとコバルトブルーをまとったこの蝶は、まるで俺を落ち着かせようとでもするかのように静かに銃に留まっていたんだった。

どうした？　おまえはどうしてそんなふうに、この島にはもう殺し合いがなくなったように落ち着いていられるんだ？　まるで太古から戦争なんてなかったような雰囲気を、その鮮やかな羽の色に漂わせて、自由自在に現れては飛んでいくんだね。

もうこれで本当に最後かな？　そんな気がなぜかしない……これまでも無我夢中で戦ってきたけれど、いつも死ぬような気はしなかった。

香月上等兵も青山少尉も先に逝ってしまった。敵の上陸前から一緒に汗を流した顔見知りの兵や下士官達も全員がいなくなってしまった。

もう一度だけ南十字星が見たい、そう北村は強く思った。共に見上げた人々ともう一度あの力強い輝きに見とれたい。いつも導いてくれるような気がした、あの強く美しい輝きを放つ南の星を。

アロウに話した靖国神社へ俺はたどり着けるかな？　逝ってしまったみんなが、いつも口癖のように言っていた遠い都の靖国神社だ。青山少尉は海原を遥かに渡って飛んでいったんだろうか？　もっといろんな話を聞いてみたかったのに、もう会えないなんてひどいな。

最後に水を浴びたのはいつだったろう？　ドラム缶のお風呂さえ、パラオ本島にいた時に入ったのが最後だったからもう忘れかけているぐらいだ。

せめて雨水に手拭いを浸して体をよく清めて行こう。台風の時にたまっていた水溜まりが少し残っているはずだから、シャボンもないけれど少しでもサッパリしてから出発しよう。

髭も剃っていかないとカッコ悪いや。

北村は装備点検を終えると、共に斬り込む兵達と一緒に静かに身を清めた。手拭いに溜まり水を浸してから体を拭き、取っておいた鋭利なガラスの破片できれいに髭も剃った。

恩賜の酒を酌み交わすと、誰からともなく「海ゆかば」を歌い始めた。

『海ゆかば水漬く屍山ゆかば草むす屍大君の辺にこそ死なめ顧みはせじ』隼人の叛乱を鎮

圧するための征旅を、大伴家持が遙か昔に詠った言の葉が、幾星霜を経て南の聖なる戦いの地によみがえった。幾多の戦場で先に散っていった多くの兵士達がそうしたように、北村達もまた、澄み切った心でこの歌を洞窟陣地に響かせた。

北村は全身に力が漲ってくるのを感じて、照明弾の青白い光に照らし出された洞窟の外へと兵を率いて進み出た。

高砂兵から譲ってもらった蛮刀を二本携えて、拳銃を持って静かに少しずつ敵陣へと迫っていく。身に帯びた手榴弾の重みと、胸に下げた青山少尉のロザリオとアロウの白い貝の首飾りへのいとおしさを若い体に身震いするほどに感じながら。

月が雲間から顔を出して、地上へと優しい光を投げかけた。

僅かな窪みに身を伏せて、北村は積み上げられた砂嚢と鉄条網で固められた敵陣の様子を窺ったが、蟻のはい出る隙間もないように見える陣地線の一角にだけ、夜目にもわかる砂嚢の切れ目があり、そこを突破すれば敵の背後に出られるように思えた。

あそこから入り込んで敵さんの背後に出てやろう。奴らはもう俺達を発見して引き金に指をかけて待っているのかもしれないが、そう簡単に倒せると思うなよ。

俺は今から黒いつむじ風になるぞ。

罠か、罠ではないのか。そんなことはもうどうでもよかった。北村はゆっくりと匍匐すると砂嚢の切れ目からそっと敵陣の内側へ身を滑り込ませた。

左右を見回すとそこは連絡壕の結節となっている箇所らしく、ほんの数メートル先には機関銃座が見え、数名の敵兵が前方に目を凝らしているのがわかった。

北村は自分に続く兵達に左を指し示すと自らは息を殺して右の機関銃座へとにじり寄っていった。いつのまにか拳銃はケースに収めて両手には蛮刀を握りしめている。敵兵が何かの気配に感づいて顔を向けた刹那、蛮刀が一閃して首筋を切り裂き、小さな悲鳴が上がるのとほぼ同時に隣の兵の脇腹に深々と蛮刀が突き通った。

抜き取った蛮刀で胸を刺し通すと、北村は倒れた兵士の背からシャベルを取り、低く身構えながら壕に伏せた。

目の前で有線電話の呼出音が鳴っている。機関銃座が誰も出なければ、直に異変に気づいた増援がやってくるだろう。北村は手榴弾を二個取り出すとワナ線と結びつけて遺体に手早く仕掛け、動かすと爆発するようにした。

なおもじりじりと進む。

前方にもうひとつの機関銃座が見えた時、後方で人声がけたたましく響いたと同時に二度の爆発音がして、にわかに陣地内は騒がしくなった。銃声が轟いて吶喊の声が遠くから聞こえたのは部下達が斬り込んだのだろう。

照明弾が盛んに打ち上げられ、青白い光に周囲がますます照らし出されるようになってきた。前方の機関銃座で電話を取って大声で話している。斬り込みへの警戒警報が陣地内に回り始めたのだろう。これからだぞ！　待ってろ！

北村は残りの手榴弾を続けて前方の機関銃座へ放り込んで伏せた。鈍い爆発音と呻き声がして、敵の体が重なって崩れ落ちる。

死体を踏み越えた北村は壕から飛び出して陣地線の背後へと駆け抜けた。銃声が轟くと足元に着弾の音が響いたが、転がり込んだ新たな砂嚢陣地は無人だった。

頭上を飛び越えていく敵の気配がする。背後へ背後へと銃声が集中しているのは、二名の部下達を倒そうと陣地内がめくらめっぽうの射撃を続けている証拠だろう。今度は背後から仕留めてやるぞ。

北村は息を入れた後、拳銃をケースから抜いた。

覗き込んで声をかけた敵を射殺するとトミーガンを奪った。積み上げた無人の砂嚢陣地から飛び出すと、斜め横を走り抜ける人影をめがけて一連射を浴びせて倒し、次の砂嚢陣地をめがけて走った。怒声と喊声が上がる方向へと黒いつむじ風のように走る。すばやくトミーガンを背負うと蛮刀を両手に持ち直し、出会い頭の敵兵に投げつけて倒した。

再びトミーガンを構えた時、北村は自分に向かって青白い夜を貫いて伸びてくるたくさんの光の帯を見た。それは、輝く棒が次から次へと飛んでくるようで、彼は地に伏せると思い切り転がって避けようとした。

曳航弾の掃射は執拗に続き、カービン銃の射撃がこれに加わった。転がりながら見上げた南の夜空に、北村は皆ともう一度見たかった南十字星が鮮やかに光っているのを一瞬見たように思った。

ここが踏ん張りどころだ。

日本軍人の意地を敵に見せてやるのは今だ！

啓介、突撃だ。

激しく撃ってくる方向にトミーガンで応射をし、全弾を撃ち尽くすと拳銃を抜いて立ち上がり、歯を食いしばって敵陣へと駆けだした。

行くよアロウ
これで君と俺は永遠の家族になるんだね。

俺は風だ、これから黒いつむじ風になるんだ。

集まってくる光の帯に向かって懸命に駆けた。夜空を彩る多くの照明弾に照らし出されて、陣地をひたすら駆け抜けてくる一人の若い兵士の姿は、射撃を続ける米軍兵士達の目に不可思議な恐怖感に縁取られて鮮やかに映し出された。

倒れない、まだ倒れない。

撃殻薬莢が山のように積み重なってもまだ倒れない。

手榴弾も投げられたが倒れない。

銃座へほんの数メートルまで迫った時に、ようやく必死に集中された銃火が北村を捉えた。

胸と脇腹に焼け爛れた熱い鉄棒を何本もすごい力で押し込まれるような感じがして、巨大なハンマーではじき飛ばされるように大地へ北村はうち倒された。

すぐに身を起こしたが、どうにも力が入らずに立ち上がれなかった。

座ったまま必死で敵陣の方向へ体を向けようとした。激痛で息が苦しくなって、体が弓なりにそってしまうような気がした。

号令が響いて射撃は一斉に止んだ。

力尽きて敵の方へと前のめりに倒れた時に、白い首飾りがちぎれて転がった。

北村は倒れたままで腕を精一杯に伸ばして可憐な貝殻を拾い集めようとした。

アロウが教えてくれたあの伝説の鳥に預けないとと彼は思った。黒潮を超えて海の彼方のいとおしい故郷へと届けてもらうために。

俺の替わりに、いや、俺のために泣いてくれ。

俺のために祈ってくれ。

俺は泣かないよアロウ。泣くのは、海を渡るその鳥とアロウに任せようね。

でも、もう立ち上がれそうにない。力を使い果たしてしまったよ。

恥ずかしい振る舞いはしなかったはず。

最後まで力を尽くしたし懸命に勇気を振り絞ったから。

心から信じる日本のために。

だから誰にも恥ずかしくないよ。

激痛が薄れ始めて急に体が軽くなっていき、北村は首飾りを握ったままで瞳を閉じた。

これまで重くのしかかっていた暑さや渇きや怖れ、そして気高い憤怒までもが渾然一体となって身を包みながら、総ての義務から自分を解き放ってくれる安息が優しく沸き上がってきて、若者は殺戮と憎悪の永久にない安息の世界へ向かって誘われていくようだった。

第十二章　訣別の桜

鵜少佐は、ここ大山の司令部壕での残務整理をほぼ終えて、中川地区隊長や村井少将、そして逆上陸部隊を率いた飯田中佐らと共にあった。

昭和十九年十一月の下旬となっていた。

各部隊との連絡はいよいよ困難で、もはや組織的戦闘の終結が近かった。

「ついに持久二ヶ月を超えたか」地区隊長がポツリと言った。

銃声や砲撃の様子から、「司令部壕を包囲する数百メートルの範囲におそらく戦場は縮小されたものと思われ、戦車を伴う総攻撃が近いことが判断された。斥候を放つような敵陣地帯の間隙はもはやなく、健在者は約五十名に減り、他は重傷者で動けず、飲料水が無くなり糧食も尽きた。小銃のみしか武器が無く、弾薬は一丁当たり二十発ほどとなっていた。

無線用電池も切れかけている。

「明日午前、訣別電を集団司令部へ発せよ」中川隊長が言うと「その後、時が来ましたらサクラの連送を致します」と鵜少佐が静かに応じた。

軍旗を完全に奉焼し、機密書類を焼却処理したことを知らせる最終電報は「サクラサクラ」

とすることは集団司令部へ発信済だった。

それが事実上ペリリュー の最後の声となる。フィリピンと本土の防波堤として渾身の力を振り絞ったペリリュー地区隊の別れの言葉となるのだった。

明日は、地区隊長殿の介錯を務めて最後を見届けてから、遊撃隊の指揮を取って出撃だ。そう心の中で呟いた鵜少佐は、唇を噛み締めると僅かな私物の整理にとりかかったが、明日以降はこの司令部壕にも敵兵がてんでに踏み込んできて遺体検索をするのかと思うと無念な思いがこみ上げてきた。

いよいよ最後の夜だよ、美奈子。おまえは今日も無事で暮らしているんだろうか？　少佐は、彼女がハルピンでの別れで送ってくれたコバルトブルーの地にレモンイエローの月をあしらったハンカチーフを取り出して見つめながら婚約者にそう話しかけた。

二人の部屋で迎えたあの別れの朝、おまえは玄関で立ち止まり通りへ降りて見送ってはくれなかった。俺も二度と振り向きはしなかった。

でも、カーテンの陰から見送ってくれているのを体全部で感じることができたよ。

二人で過ごしたあの街で、俺はなんと幸せだったことだろう。

今日まで俺は、祖国が掲げた大義のために力の限り戦ってきた。誰にも恥じることのない戦いを、大陸からこのペリリューまでひたすら続けてきた。

これからも続いていく世界の歴史で、この大東亜戦争で日本が示しつつある懸命の戦いは決して無駄にはならないはずだ。

数百年も白人の奴隷にされていた人々に力を与え、人々が自らを鍛え上げて征服者へ向ける牙を研ぐ手助けをし、共に汗を流しながら独立への困難な道筋を歩み始めた人達を見守ろうとしている祖国日本が歴史から引き受けた運命の戦い。

それはきっと、たくさんの民族に未来永劫に語り継がれていくはずだ。

俺達は、これから新しい伝説になっていくのだから。

軽量砲のパックハウザーや、肩撃ち式バズーカ砲が撃ち込んでくる砲弾の響きが揺るがす司令部壕の一角で、少佐は自らの短かった来し方を振り返りながら、大いなる理想に捧げる、力に満ち溢れた若い命との別れに颯爽と耐えていた。

＊

十一月二十四日、司令部壕を十重二十重に厚く包囲した米軍は猛攻をかけた。

数知れぬロケット弾や砲弾を撃ち込み、壕入口へ幾本もの火炎の帯が熱い舌を伸ばしてきた。

夕暮れが近づく頃、パラオ本島から飛来した一機の水上偵察機が、超低空で舞い降りてきて数度の銃撃を加えたが、焼け石に水で、雨注する銃撃や砲撃を途絶えさせるには至らなかった。

十六時に『サクラサクラ』が発信され、これまで以上に多数の照明弾が打ち上げられ始めた夜を迎えて、中川地区隊長ら三名の指揮官達は割腹自決した。

それぞれの介錯を冷静に拳銃で務めた鵜少佐は、遺体に挙手の礼を行うと、生残者を集合させてこれを十数組の遊撃隊に編制し出撃準備を終えた。

今生の別れを互いに惜しむまもなく、壕入口付近に早くも敵の気配がしてきて、少佐は全員に直ちに移動を開始し、機を見て包囲網を突破するよう命じた。

司令部壕と待機壕との連絡通路を可能な限り使って、最後の遊撃隊は極力分散して出撃していったが、周囲を蟻のはい出る隙間もないように固めた敵は銃口を林立させて待ち構え、これまでで最も多量の照明弾をひっきりなしに打ち上げて夜を青白い昼に変えてしまっていた。

あちこちで斉射する銃声が激しく鳴り響いては止む。吶喊の声がして悲鳴が上がり手榴弾の炸裂音がする。

それは、地区隊最後の遊撃隊が各個に磨り潰されていく瞬間だった。

鵜少佐は、集中射を浴びながらも第一線の包囲網突破に成功していたが、振り向いても部下はもう誰もおらず、見回す周囲は砂嚢陣地と鉄条網が何重にも取り巻いていて、間隙には戦車がうずくまっているのが見えた。

もはや手榴弾もない、爆雷も火炎瓶もない。拳銃と軍刀のみだ。

戦車は無理だが、せめて一人でも多く敵を倒してから死にたい。多くの部下達の仇を取ってから後を追いたい。

少佐は胸ポケットをそっと押さえた。コバルトブルーの海に月が浮かぶハンカチーフを。

「美奈子、明るく生き抜くんだぞ」微笑んで囁くと軍刀を抜き放って仁王立ちになり、砂嚢陣地を飛び越えて一気に敵の真っ只中へと躍り込んだ。

ペリリューの夜空を照らし出す青白い光が、振りかざした刃に照り映えてきらめいていた。

エピローグ

作戦終了を確認した米軍は、ブルドーザーで洞窟陣地入口を埋めながら、全島域で米軍兵士の遺体のみを回収していった。

置き捨てられたままの日本軍兵士達の遺体は、やがて戻ってきた島民達の手で涙ながらに埋葬された。

こうしてペリリューは、島全体が墓地となった。

日本軍兵士達はこの島に多くの尊い血を流し、文字どおりパラオの古諺に言う「家族」となったのだった。

それは、世界中が一家となって共に栄えようという、建国以来の日本が掲げた理想に連なる二十世紀の神話であり、物語だったのかもしれない。

島民は激戦から護られ、アバイは燃え尽きた。

アメリカは奪い取ったパラオで、南洋統治時代に日本が築いた総てを徹底的に破壊したが、多くの日本軍兵士達がかけがえのない命で綴った「伝説」を、ついに抹殺することはできなかった。

オレンジビーチに寄せては返す波は、今日もまた南の潮騒を奏でている。誰にも、どんな力を使っても消し去ることのできない、日本軍兵士達が大義のために一身を放擲して懸命に示した気高さで歌い上げた物語は、美しく輝く南の海深くに、輝くような白い貝の首飾りになって今も漂っているのかもしれない。

哀しくも美しい伝説の余韻は、強くて優しかった日本軍の神話と共に今もなお島民の心に息づき、豊かな黒潮の流れは、遙か彼方の祖国の山河へと、今は逝ってしまった歴史の微かな呼び声を届けている。

二十世紀末に独立したパラオは、国旗に日の丸とよく似たデザインを国民が選んだ。美しい南の海に鮮やかな月が浮かぶその旗には、かつての日本人が示した忠誠と武勇、高貴な献身と荒削りで自然な島民への素朴な愛情が偲ばれるようである。

ペリリュー戦での島民の協力者に「靖国神社で会いましょう」と、声をかけて散っていった日本人兵士達がいた。

声をかけられた島民は、戦いが過ぎ去った後も兵士の言葉をいつまでも胸に抱いて生き、約束の聖なる場所、靖国神社への参拝をためらい姑息にごまかす戦後日本の首相達を嘆いた。

今はダイビングのメッカとして賑わうパラオに、互いにその祖国のために命を捧げた日米の若者達が残した物語があった。

ひたむきに掲げた理想に日本人が決然と挑み、幾多の未練を断ち切って殉じていった時代に、南十字星の下で演じられた高貴な献身に鎮魂の思いを致すことは、永劫への憧れに満ちた最後の波の音を胸に抱きながら永久に瞳を閉じていった多くの人々へ、後世を生きる我らが捧げるべき真心からの祈りであると思われる。

あとがき

小学校中学年を終えようとする頃、大東亜戦争（太平洋戦争）敗戦によって台湾から北薩摩の宮之城という町に引き揚げてきた母方の祖父が、私を連れて外出した折に集英社の「ジュニア版・太平洋戦史四巻組」を買ってくれた。

真珠湾攻撃に始まる文字どおりの百戦百勝で、東洋を数百年間も奴隷化していた白人達を追い払った開戦百日の栄光から、むごたらしい原爆を投下されての初めての敗戦に至るまでの日本の歩みがそこにはあった。

父方の祖父は志願兵として陸軍に入り、父は定年退官するまで陸上自衛隊に奉職したという家庭環境もあり、学校では太平洋戦争と習い、家庭では大東亜戦争と呼ばれる戦いへの私の興味が強まり始めていた時期だった。

最も心惹かれ、少年の胸に焼きついたのは、著者が記した「ここには、海空戦に、密林戦に、日本人が誇りをもって戦った記録が収めてあります」という言葉だった。

長じて高校、大学へと進む中で、ある時は教壇から、ある時は支配的な言論の思潮から浴びせかけられる、挙げて世を支配する反日的な風潮に揺さぶられもしたが、戦わずして屈服する道を決して選ばなかった先人達の勲は、暴風の中の灯台のように最後は私を導いてくれた。

昭和五十七年に陸上自衛隊の一般幹部候補生で入隊をし、任官後に職種志望かなわず除隊してからほどなく昭和の御代が終り平成を迎えた。

制服を脱いで初めて接した一般社会は、国旗国歌論争に始まり、元号法制化や偏向教科書是正、いわゆる南京問題に慰安婦など、目にする動き総てが、はてしなく続くアメリカ占領軍による日本弱体化の延長のように思われた。

そういった風潮と職場で戦いつつ、地方公務員として県内各地を転勤して回る中、東京裁判却下未提出弁護側資料を始め、戦勝国によって戦犯とされた方々の御遺書や、西郷隆盛の明治十年の敗戦から福岡玄洋社につながる大亜細亜主義の流れと挫折にふれる機会を得た。

それは、わが国の学校でいったい何が故意に教えられなくされたのか?敗戦後に封印され、貶められ、危険視されたのは何か?日本人の血の記憶を抹殺することで利を得るのは誰か?といった疑問が湧いてくる時間でもあり、日本人が、征服者によって禁じられた楽器で禁じられた調べを奏でる日を取り戻さなければ、永久に独立自尊は得られないことに気づかされた日々でもあった。

また、教科書改善や南京百人斬り冤罪支援など、様々な社会運動を通して学ぶうちに突き付けられたのは、日々洪水のように流れてくる情報には全くと言っていいほど「日本の弁明的視点」は含まれていないことだった。

逆に日本の名誉が失墜することならば、各界が勇み立って声を揃えて非難を繰り広げ、あげくは恥ずかしげもなく外国への御注進に及ぶ。まるで自分達は日本人ではないような、あるいは、自らのみは全能の神の視点を持つかのような、太宰治の言葉を借りれば「いい気な愚行の匂い」が息詰まるほど漂ってもいた。

そんな中で、平成六年に硫黄島で皇后陛下が詠まれた「慰霊地は今安らかに水をたたふ如何ばかり君ら水を欲りけむ」が、上京の折に必ず立ち寄る靖国神社からの帰路で必ず私の胸に浮かぶようになっていった。

酷暑の孤島防御で、喉の渇きも癒せず入浴もかなわず、空腹に耐えて壮絶な力闘を続けた人々の胸中に、程度において比較にもならないが、自らの自衛隊での僅かな体験と比べながら長く思いを馳せることが増えて行った。

日本の弁明を私なりの形にするために、まず公刊戦史に目を通すことから始めた。生還者の手記にも可能な限りふれた。

その際、元情報将校としての冷静な筆致で、敵味方にバランスよく目配りしつつ、一大パノラマのように第二次大戦における独ソ戦を描き出した、パウル・カレル氏の著作群と対比しながら進めるようにした。また、故名越二荒之助教授が中心となって収集編纂された、近代日本が世界に残した後世に語り継がれるべき多くの足跡も心に刻み込んだ。

平成の御代も二十年に達しようかという晩夏に、私は長い歳月を経て再び「ジュニア版・太平洋戦史四巻組」を手に取った。開いた写真ページには、ペリリュー島の焼け焦げた密林を背景にビーチにへばりついている海兵隊員達の姿があった。

今春、両陛下の行幸啓をいただくまでは、ほとんど知られることがなかったパラオ共和国に属する小さな島で、若者達がふるまいで書き残した詩を、その命で贖われた戦後に生を受けた者の責務として物語にしたいという願いが勃然と湧いた。

ヨハンネスの聖句に「人がその友のために自分の命を捨てる事、これよりも大きな愛はない」がある。この物語は、多くの先達が指し示してくれた歴史の鉱脈から、献身と犠牲という、人が持つ純金の煌めく輝きを取り出そうと試みたものである。

当然ながら、このような本は一人ではできない。本にするためには元の原稿に加筆し、再検討を加えつつ必要な修正をしなければならなかった。

とりわけ、お世話になった展転社社長の藤本隆之氏、同編集長の荒岩宏奨氏には御礼の言葉もない。また、知人の嘉野文広氏を始め、多くの方々にも支えていただいた。謹んで感謝を申し上げたい。

パラオ共和国との親日の絆と、両国に交わされる愛情の礎を築いた先人達の尊い勲を、真心からの供養の思いと共に些かなりとお伝えできたなら幸いである。

初出・島根日日新聞（平成二十一年四月二日～八月十六日・毎日掲載）

カバーデザイン　古村奈々＋Zapping Studio
カバー写真提供（ビーチ空撮）　パラオ政府観光局

永野　聖（ながの　せい）
昭和34年生まれ。西南学院高校、立正大学経済学部を卒業後、第63期一般幹部候補生として陸上自衛隊に入隊し３等陸尉任官。除隊後、平成20年春まで鹿児島県に勤務し現在はフリーライター。

絆抱くペリリュー・日本を愛する島

平成二十七年八月十五日　第一刷発行

著　者　永野　聖
発行人　藤本　隆之
発　行　展　転　社

〒157-0061　東京都世田谷区北烏山4-20-10
ＴＥＬ　〇三（五三一四）九四七〇
ＦＡＸ　〇三（五三一四）九四八〇
振替　〇〇一四〇-六-七九九九二

印刷製本　中央精版印刷

定価［本体＋税］はカバーに表示してあります。
ISBN978-4-88656-416-0